KB187765

The Little Prince

어린왕자

어린왕자

First edition: July 2009

TEL (02)2000-0515 ｜ FAX (02)2271-0172
ISBN 978-89-17-23768-9

YBM Reading Library 는 ...

쉬운 영어로 문학 작품을 즐기면서 영어 실력을 크게 향상시킬 수 있도록 개발된 독해력 완성 프로젝트입니다. 전 세계 어린이와 청소년들에게 재미와 감동을 주는 세계의 명작을 이제 영어로 읽으세요. 원작에 보다 가까이 다가가는 재미와 명작의 깊이를 느낄 수 있을 거예요.

350 단어에서 1800 단어까지 6단계로 나누어져 있어 초·중·고 어느 수준에서나 자신이 좋아하는 스토리를 골라 읽을 수 있고, 눈에 쉽게 들어오는 기본 문장을 바탕으로 활용도가 높고 세련된 영어 표현을 구사하기 때문에 쉽게 읽으면서 영어의 맛을 느낄 수 있습니다. 상세한 해설과 흥미로운 학습 정보, 퀴즈 등이 곳곳에 숨어 있어 학습 효과를 더욱 높일 수 있습니다.

이야기의 분위기를 멋지게 재현해 주는 삽화를 보면서 재미있는 이야기를 읽고, 전문 성우들의 박진감 있는 연기로 스토리를 반복해서 듣다 보면 리스닝 실력까지 크게 향상됩니다.

세계의 명작을 읽는 재미와 영어 실력 완성의 기쁨을 마음껏 맛보고 싶다면, YBM Reading Library와 함께 지금 출발하세요!

YBM Reading Library

책을 읽기 전에 가볍게 워밍업을 한 다음, 재미있게 스토리를 읽고, 다 읽고 난 후 주요
구문과 리스닝까지 꼭꼭 다지는 3단계 리딩 전략! YBM Reading Library, 이렇게 활용
하세요.

Before the Story

People in the Story
스토리에 들어가기 전,
등장인물과 만나며 이야기의
분위기를 느껴 보세요~

In the Story

★ 스토리
재미있는 스토리를 읽어요. 잘 모른다고
멈추지 마세요. 한 페이지, 또는 한 chapter를
끝까지 읽으면서 흐름을 파악하세요.

★★ 단어 및 구문 설명
어려운 단어나 문장을 마주쳤을 때,
그 뜻이 알고 싶다면 여기를 보세요.
나중에 꼭 외우는 것은 기본이죠.

---

* * *

For a long time, the Little Prince walked through
sand and rocks and snow. Finally, he discovered a
road. He followed the road, and came upon a rose
garden.

"Good morning." he said.

"Good morning," said the roses. They all looked
like his flower.

"Who are you?" he asked, surprised.

"We're roses," said the roses.

The Little Prince felt very sad about his flower. She
said she was different from every other flower in the
universe. But this garden had five thousand flowers,
and every one looked just like her!

★★
☐ walk through —을 거쳐서 걸어가다
☐ finally 드디어
☐ discover 발견하다
☐ be different from —와 다르다
☐ universe 우주
☐ frustrated 좌절한
☐ special 특별한
☐ own 소유하다
☐ ordinary 보통의, 흔한
☐ lie down 눕다 (lie-lay-lain)

1 If + 주어 + 과거동사, 주어 + would + 동사원형 만약 ~한다면, ~할 텐데(가정법 과거)
My flower would be very frustrated if she saw this.
내 꽃이 이걸 본다면 굉장히 슬퍼할 거야.

2 all (that) I own 내가 가진 모든 것
But all I own is an ordinary rose. 흔한 장미 한 송이가 내가 가진 전부야.

76 · The Little Prince

★★★ 돌발 퀴즈
스토리를 잘 파악하고
있는지 궁금하면 돌발 퀴즈로
잠깐 확인해 보세요.

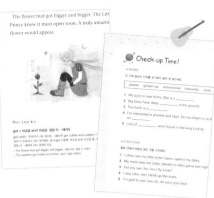

The flower bud got bigger and bigger. The Litt[le]
Prince knew it must open soon. A truly amazin[g]
flower would appear.

Mini-Lesson
너무나 중요해서 그냥 지나칠 수 없는
알짜 구문은 별도로 깊이 있게 배워요.

get + 비교급 and 비교급: 점점 더 ~해지다

"My flower would be very frustrated if she saw this," [1]
the Little Prince said to himself. *"I thought I was rich
because I had one very special flower. But all I own is an* [2]
ordinary rose."

And he lay down in the grass and cried.

★ ★ ★ ❓ The Little Prince felt sad because
his flower was not _____.
a. beautiful   b. special   c. ordinary

Chapter 4 · 77

Check-up Time!
한 chapter를 다 읽은 후 어휘, 구문,
summary까지 확실하게 다져요.

Focus on Background
작품 뒤에 숨겨져 있는 흥미로운 이야기를
읽으세요. 상식까지 풍부해집니다.

After the Story

Reading X-File 이야기 속에 등장했던
주요 구문을 재미있는 설명과 함께 다시 한번~

Listening X-File 영어 발음과 리스닝 실력을 함께
다져 주는 중요한 발음법칙을 살펴봐요.

MP3 Files
www.ybmbooksam.com에서 다운로드 하세요!

YBM Reading Library
이제 아름다운 이야기가
시작됩니다

The Little Prince

Antoine de Saint-Exupéry

앙트완 드 생텍쥐페리는…   (1900~1944)

비행사이자 소설가로 프랑스의 리옹에서 출생하였다. 부유한 귀족 가문 출신이지만 집안이 몰락해 가난한 학창시절을 보내기도 한 그는 공군에 입대해 20대 초에 조종사가 되었고, 우편 비행사 등을 거쳐 1939년에는 육군 정찰기 조종사가 되었다.

조종사로서의 꿈을 키우면서 저술에도 몰두했던 생텍쥐페리는 비행기 조종사로서의 체험과 모험을 바탕으로 〈남방 우편기(Southern Mail, 1929)〉, 〈야간 비행(Night Flight, 1931)〉, 〈인간의 대지(Wind, Sand and Stars, 1939)〉, 〈전투 조종사(Flight to Arras, 1942)〉 등의 명작을 남겼다.

생텍쥐페리의 작품에는 목숨을 걸고 모험을 감행하는 조종사가 자주 등장하는데, 그는 이런 모습을 통해 극한 상황 속에서 드러나는 인간의 숭고함과 삶의 의미에 대해 성찰하고자 하였다.

1943년 7월 31일, 정찰 비행 중 프랑스 남부 해안에서 행방불명된 생텍쥐페리는, 〈어린왕자〉를 비롯한 여러 작품으로 현재까지도 전 세계 독자들의 사랑을 받고 있다.

The Little Prince
어린왕자는…

생텍쥐페리가 2차 세계대전 중에 발표한 어른들을 위한 동화이다. 사막에
불시착한 조종사인 '나'는 사막 한가운데서 느닷없이 어린 소년을 만난다.
그리고 이 소년이 자신을 귀찮게 하는 한 송이 꽃을 자기 별에 남겨둔 채 여
러 소행성을 여행하면서 어리석고 우스꽝스런 어른들을 만나고 지구라는
가장 큰 별로 떨어졌다는 것을 알게 된다. 지구에서 만난 여우는 '서로 길들
여진다'는 것의 의미를 가르쳐 주고, 사막의 뱀은 어린왕자가 자기의 별로
돌아가도록 도와준다.

〈어린왕자〉는 우주의 여러 별과 지구의 사막을 배경으로 한 소년이 겪는
모험담을 통해, 꿈을 잃은 채 숫자로만 세상을 바라보는 어리석은 어른들의
모습을 꼬집고 있다. 또한 세상의 모든 것을 호기심
어린 눈으로 바라보고, 생명과 의미를 부여하
고, 사랑과 정성으로 관계를 맺어가는 과정을
상징적이면서 아름답게 표현하고 있다.

생텍쥐페리가 직접 그려넣은 독특한 삽화, 동화
적이면서 시적인 아름다움 때문에 〈어린왕자〉
는 세계 어린이, 청소년, 그리고 어른들 모두에
게 큰 사랑을 받고 있다.

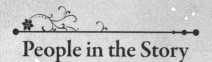

People in the Story

The Little Prince

소행성에서 온 소년. 여러 별을
여행하면서 허풍쟁이, 술주정뱅이,
어리석고 계산적인 어른들을 만나고
마지막으로 지구의 사막에 떨어진다.

Fox

어린왕자가 사막에서 만난 여우.
'길들인다(tame)'라는 말의 의미와
어린왕자가 자기 별에 두고 온 꽃의
소중함을 깨닫게 해 준다.

Snake

지구의 사막에 사는 뱀. 어린왕자가
지구에 도착한 지 1년이 되는 날,
어린왕자가 자기 별로 돌아갈 수 있게
도와준다.

Flower

어린왕자의 별에 사는 작은 꽃.
어린왕자의 보살핌을 받지만 어린왕자를
귀찮게 해 별을 떠나게 만든다.

I

이야기를 서술해 나가는 1인칭 화자.
어린시절에 화가를 꿈꾸었지만
어른들에게 이해 받지 못하자
포기하고 조종사가 되었다. 사막에
불시착했다가 어린왕자를 만난다.

a Beautiful Invitation
— YBM Reading Library

The Little Prince

Antoine de Saint-Exupéry

Dedication

TO LEON BERTH

Forgive me, children! I have dedicated this book
to a grown-up. But I do have a serious excuse: This
grown-up is my best friend. I have another excuse:
This grown-up can understand everything, even
books for children. I also have a third excuse:
He lives in France, where he is hungry and cold.
He needs to be cheered up.

Do you accept my excuses? If not, then I will
re-dedicate this book. I will dedicate it to the child
that my grown-up friend used to be. All grown-ups
were children first. (But few of them remember it.)
So I will change my dedication:

TO LEON BERTH
WHEN HE WAS A LITTLE BOY

A Little Fellow from a Little Planet

작은 별에서 온 아이

When I was six, I saw an impressive picture in a book about the jungle. It showed a boa constrictor swallowing a big animal. Here is a copy of the picture.

□ impressive 훌륭한, 엄청난
□ jungle 밀림
□ boa constrictor 보아구렁이
□ swallow 삼키다
□ copy 베낀 것, 사본

□ adventure 모험
□ drawing 그림, 스케치
□ grown-up 어른
□ scare 겁주다, 두렵게 만들다
□ digest 소화시키다

In those days, I thought a lot about jungle adventures. Then I made my first drawing. My drawing Number One looked like this:

I asked grown-ups if my drawing scared them. [1] They answered, "Why should we be scared of [2] a hat?"

My drawing was not a picture of a hat. It was a picture of a boa constrictor digesting an elephant. So I drew the inside of the boa constrictor, just for the grown-ups. My drawing Number Two looked like this:

---

1 **If** ···인지 아닌지
   I asked grown-ups if my drawing scared them.
   나는 내 그림을 보면 무서운지 아닌지 어른들에게 물었다.

2 **be scared of** ···을 무서워하다
   Why should we be scared of a hat?
   우리가 왜 모자를 무서워해야 하지?

The grown-ups advised me to put away these drawings. They told me to study geography, history, arithmetic, and grammar. That is why I gave up, at [1] the age of six, a wonderful career as an artist.

So instead I learned to fly airplanes. I have flown almost everywhere in the world. And geography has helped me a lot.

I have always kept my drawing Number One. Whenever I showed it to a grown-up, he would always say, "That's a hat." Then I wouldn't talk about boa constrictors or jungles. I would instead talk about grown-up things like golf and neckties.

□ advise 충고하다
□ put away 치우다, 없애다
□ geography 지리학
□ history 역사
□ arithmetic 산수
□ grammar 문법
□ give up 포기하다
□ at the age of …의 나이에
□ career 직업, 경력
□ artist 화가
□ instead 대신에

□ fly (항공기 등을) 조종하다, 비행하다 (fly–flew–flown)
□ keep 지니다 (keep–kept–kept)
□ would + 동사원형 …하곤 했다
□ have to + 동사원형 …해야 한다 (과거는 had to)
□ make a crash landing 비상 착륙하다
□ fix 수리하다
□ enough 충분한
□ drinking water 식수

1 **That is (the reason) why** 그것이 바로 …한 이유이다
That is why I gave up, at the age of six, a wonderful career as an artist. 그것이 바로 여섯 살 나이에 화가라는 멋진 직업을 포기한 이유이다.

So I lived alone, without anyone I could talk to. But I met someone six years ago when I had to make a crash landing in the Sahara Desert. I had to fix my plane's engine, and I had only enough drinking water for eight days.

Mini-Lesson

when vs. whenever

when은 '…할 때', whenever는 '…할 때마다'라는 뜻이에요. -ever가 붙어서 훨씬 더 강조된 의미가 된 것이죠.

- Whenever I showed it to a grown-up, he would always say, "That's a hat."
  어른한테 그것을 보여줄 때마다, 그는 "이거 모자네"라고 말하곤 했다.
- Whenever I see you, I think of my little brother. 너를 볼 때마다 내 동생이 생각나.

The first night, I went to sleep alone on the sand a thousand miles from any inhabited country. The next morning, I was awakened by a funny little voice saying, "Please ... draw me a sheep ..."

"What?"

"Draw me a sheep ..."

I leaped up and stared wide-eyed at this little fellow. He didn't seem to be scared or lost or dying of thirst. [1] He repeated, "Please draw me a sheep ..."

I had never drawn a sheep, so I drew him the boa constrictor from outside.

I was surprised to hear the little fellow answer, "No! No! A boa constrictor is very dangerous, and an elephant is too big. Where I live, everything is very small. Draw me a sheep."

? 20쪽 다섯째 줄 "What?"에 담긴 감정은?
   a. curious
   b. pleased
   c. surprised

ㄷ 吕亿

☐ inhabited 사람이 살고 있는
☐ be awakened 깨어나다
☐ leap up 껑충 뛰다, 벌떡 일어나다
☐ stare at …을 바라보다
☐ wide-eyed 눈을 크게 뜨고

☐ lost 길을 잃은
☐ die of thirst 갈증으로 죽다
☐ draw 그리다 (draw-drew-drawn)
☐ surprised 깜짝 놀란
☐ fellow 녀석, 소년

---

1 **seem to + 동사원형** …인 것처럼 보이다, …인 것 같다
   He didn't seem to be scared or lost or dying of thirst.
   그는 겁을 먹은 것 같지도, 길을 잃은 것 같지도, 목이 말라 죽어가는 것 같지도 않았다.

So I made a new drawing. He looked at it carefully and said, "No. This one is already quite sick. Make another."

I made another drawing. My friend smiled. "That's not a sheep. It's a ram. It has horns ..."

So I made my third drawing. But my friend didn't like it either. "This one's too old. I want a sheep that will live a long time."

I wanted to work on my engine, so I made the next drawing very quickly.

□ carefully 조심스럽게
□ already 이미
□ quite 매우
□ ram 숫양
□ horn 뿔
□ either (부정문에서) 또한, 역시

□ work on ···을 가지고 일하다
□ inside 안쪽, 안쪽에
□ light up 밝아지다
□ a lot of 많은
□ grass 풀
□ go to sleep 잠자리에 들다

1 **what** ···한 것 (관계대명사)
That's what I wanted. 그게 내가 원하던 거야.

2 **That's (the way) how + 절** 그것이 ···한 방법이다, 그렇게 해서 ···하다
That's how I met the Little Prince.
난 그렇게 해서 어린왕자를 만나게 되었다.

box는 그리스어로 상자 만드는 데 쓰는
어떤 나무의 이름이었데요.

"This is just a box," I said, "The sheep you want is inside."

I was surprised to see the little fellow's face light up.

"That's what I wanted! Do you think this sheep will [1] need a lot of grass? See, where I live, everything is very small."

"There will be enough grass. I've given you a very small sheep."

"Not so small, really… Look! He's gone to sleep…"

That's how I met the Little Prince. [2]

Mini-Less ☀ n

see + A(목적어) + 동사원형: A가 …하는 것을 보다

아빠가 주무시는 것을 보았고, 코를 고시는 것도 보았어요. 이것을 어떻게 표현할까요?
I saw my daddy sleep. I saw him snore. 라고 하면 돼요. 'A가 …하는 것을 보다'라고
할 때는 'see+A(목적어)+동사원형'의 형태를 쓰죠.

• I was surprised to see the little fellow's face light up.
  나는 이 작은 친구의 얼굴이 밝아지는 것을 보고 놀랐다

• I'd like to see you smile again. 나는 네가 다시 웃는 모습을 보고 싶어.

★ ★ ★

Little by little, I learned more about the Little
Prince. When he first saw my airplane, he asked,

"What's that thing over there?"

"It's my airplane."

I proudly told him that I could fly.

He was surprised, "You fell from the sky?
What planet are you from?" [1]

His question was a hint.

"Do you come from another planet?" I asked him.
But he didn't answer.

- little by little 조금씩, 점차
- proudly 자랑스럽게
- fall 떨어지다 (fall-fell-fallen)
- planet 행성
- treasure 보물, 귀중품
- silence 침묵, 고요
- after dark 어두워지고 나면

- rope 밧줄, 끈
- tie up 단단히 묶다
- during the day 낮 동안에
- anywhere 어디든지
- straight ahead 곧장 앞으로
- confidently 자신 있게
- matter 중요하다, 문제가 되다

He just looked at my sheep again as if it were a [2] treasure. After a silence, he answered, "The sheep can use the box for a house after dark."

"Sure, and I'll give you a rope to tie him up during the day."

This seemed to shock the Little Prince.

"Where could he go?" he asked.

"Anywhere. Straight ahead ..."

Then the Little Prince said confidently, "It wouldn't matter. Everything's so small where I live!"

1 **be from** ···에서 오다(= come from)
   What planet are you from? 너는 어느 별에서 왔니?

2 **as if + 절** 마치 ···인 것처럼
   He just looked at my sheep again as if it were a treasure.
   그는 나의 양을 마치 보물인 것처럼 다시 바라보았다.

★ ★ ★

His planet was just a little bigger than a house! [1]
I believe he was from Asteroid B-612. This asteroid was seen once, in 1909, by a Turkish astronomer.

The astronomer showed his discovery to other astronomers. But no one believed him because he wore Turkish clothes. Grown-ups are like that. [2]

The astronomer showed the planet again in 1920. This time he wore a nice European suit. And everyone believed him.

□ asteroid 소행성
□ once 한 번, 전에
□ Turkish 터키의
□ astronomer 천문학자
□ discovery 발견, 발견한 것

□ no one 아무도 …하지 않다
□ wear 입다 (wear–wore–worn)
□ clothes 옷, 복장
□ this time 이번에는
□ suit 신사복, 정장

1 a little bigger than …보다 조금 더 큰
   His planet was just a little bigger than a house!
   그의 별은 집보다 조금 더 컸다!

2 like …같은, …처럼
   Grown-ups are like that. 어른들은 그런 식이다.

★　★　★

Every day I'd learn something about the Little Prince's planet. On the third day, I learned about the baobabs. Suddenly the Little Prince asked,

"Is it true that sheep eat bushes?" [1]

"Yes, that's right."

"Ah! I'm glad."

Then the Little Prince added,

"And therefore they eat baobabs, too?"

I pointed out to the Little Prince that baobabs are not bushes. They are trees as tall as churches. Even a whole herd of elephants couldn't finish eating [2] a single baobab. The Little Prince laughed and said wisely, "But baobabs start out as small plants."

In fact, there were terrible baobab seeds in the soil of the Little Prince's planet. The plant's roots can grow all the way through a planet. Too many baobabs will break a small planet into pieces.

- □ baobab 바오밥나무
- □ bush 덤불, 관목
- □ therefore 그래서
- □ point out 지적하다
- □ whole 전체의
- □ a herd of (동물) 한 떼[무리]의 …

- □ in fact 사실은
- □ seed 씨, 씨앗
- □ all the way 내내, 계속해서
- □ through …을 뚫고
- □ break ... into pieces …을 산산조각 내다

1 **It is true that + 절** ···라는 것은 사실이다
  Is it true that sheep eat bushes? 양이 덤불을 먹는다는 게 사실이야?

2 **finish ...ing** ···하기를 끝내다
  Even a whole herd of elephants couldn't finish eating a single
  baobab. 한 떼의 코끼리도 바오밥나무 한 그루를 다 먹지는 못할 것이다.

Mini-Less🌞n

고만고만 비슷할 때?: as 원급 as(···만큼 ~한)
서로 정도가 비슷한 것을 비교할 때는 as ...as를 써요. '···만큼 ~한'이라는 뜻이죠.
as와 as 사이에는 형용사의 원급을 써야 해요.

- They are trees as tall as churches. 그것들은 교회만큼이나 큰 나무다.
- My kitten is as cute as yours. 내 고양이도 네 것만큼 귀여워.

"Take care of your planet," the Little Prince told me. [1] "Wash and dress each morning. Then, look for the baobabs. They look like rose-bushes when they are [2] very young. But as soon as you can tell them apart, [3] you must pull them up."

One day the Little Prince asked me to make a beautiful drawing. I drew that planet* with baobabs. I knew the drawing was important, so I made it very big.

★ 태양이나 별 주위를 돌아다니는
planet(행성)은 '방랑하는'을 뜻하는
그리스어에서 유래했어요.

□ wash 씻다, 깨끗이 하다
□ dress 옷을 입다
□ then 그리고 나서
□ look for …을 찾다

□ tell apart 구별하다
□ pull up 뽑아버리다
□ one day 어느 날
□ with …을 가진

---

1 **take care of** …을 돌보다
Take care of your planet. 아저씨네 별을 잘 보살펴.

2 **look like** …처럼 보이다, …처럼 생기다
They look like rose-bushes when they are very young.
그것들은 어릴 때는 장미 덩굴처럼 생겼어.

3 **as soon as** …하자마자
But as soon as you can tell them apart, you must pull them up.
하지만, 그것들을 구별할 수 있게 되자마자 꼭 뽑아주어야 해.

★ ★ ★

O Little Prince! Slowly, very slowly, I came to [1] understand your sad little life.

On the fourth day, you told me in the morning, "I really like sunsets. Let's go to look at one now."

"But we have to wait," I said.

He then laughed and said to me, "I thought I was still at home!"

Indeed. On your tiny planet, you could watch the sunset whenever you wanted to. You only had to move your chair a few feet.

"One day I saw the sunset forty-four times!" you told me. "When you're feeling very sad, sunsets are wonderful ..."

□ sunset 해넘이, 일몰
□ still 아직도
□ indeed 정말로
□ tiny 작은

□ whenever …할 때마다
□ time 번, 회
□ feel sad 슬퍼하다
□ wonderful 멋진

1 **come to + 동사원형** …하게 되다
I came to understand your sad little life.
너의 짧고 슬픈 삶을 알게 되었어.

2 **the day (when) + 절** …한 그 날(에)
Were you feeling very sad the day you saw the sunset forty-four times? 해넘이를 마흔네 번 본 그 날은 매우 슬펐니?

"Were you feeling very sad the day you saw [2]
the sunset forty-four times?" I asked.
But the Little Prince didn't answer.

Mini-Less✷n

싫어도 해야 돼!: have to + 동사원형 (…해야 한다)

일찍 일어나야 하고, 공부도 열심히 해야 합니다. 어떻게 표현할까요?
have to (…해야 한다)를 사용해서 have to get up early, have to study라고 하면 돼요.
have to의 과거는 had to라는 사실도 함께 알아두세요.

• But we have to wait. 하지만 우리는 기다려야 해.
• You only had to move your chair a few feet. 넌 의자를 몇 피트 옮기기만 하면 되었다.

 # Check-up Time!

● WORDS

빈 칸에 알맞은 단어를 보기에서 골라 써 넣으세요.

| planet   grown-up   astronomer   treasures   roots |

1 My aunt is over thirty. She is a _____.

2 Big trees have deep _____ in the ground.

3 The Earth is a _____.

4 I'm interested in planets and stars. So my dream is to be an _____.

5 Lots of _____ were found in the king's tomb.

● STRUCTURE

괄호 안에서 어법상 맞는 것을 고르세요.

1 I often see my little sister (open, opens) my diary.

2 My mom saw me (play, played) a video game last night.

3 Did you see (he, him) fly a kite?

4 I saw (she, her) climb up the stairs.

5 I'm glad to see (you do, do you) your best.

● COMPREHENSION

다음 질문에 알맞은 답을 고르세요.

1 Why did the pilot stop drawing at the age of six?

   a. He didn't like drawing any more.

   b. He found that he didn't have a talent for drawing.

   c. Grown-ups told him to stop drawing.

2 How did the pilot feel when he saw the Little Prince first?

   a. He was very pleased to meet a friend.

   b. He was very surprised because he was in a desert.

   c. He laughed because the Little Prince was very cute.

● SUMMARY

빈 칸에 알맞은 말을 보기에서 골라 이야기를 완성하세요.

sunset	terrible	small	far	roots

The Little Prince came from a planet. It was so _____
that a sheep couldn't go _____ away. He could
watch the wonderful _____ whenever he wanted to.
But there were _____ Baobab seeds in the soil.
When the trees' _____ grow fully, they could break
his whole planet.

The Little Prince's
Proud and Lovely Flower

어린왕자의 도도하고 예쁜 꽃

On the fifth day, I learned another secret of the Little Prince's life. Suddenly, the Little Prince asked, "If a sheep eats bushes, does it eat flowers, too?"

"A sheep eats everything it finds," I answered.

"Even flowers that have thorns?"

"Yes. Even flowers that have thorns."

"Then what good are thorns?"

I didn't know. At that moment I was busy trying to [1] repair my plane engine. I had very little drinking water, and I feared that I might die. So I answered without thinking. "Thorns are no good for anything. [2] Flowers use them to be unkind!"

- □ secret 비밀
- □ thorn 가시
- □ good 소용, 쓸모
- □ repair 수리하다
- □ fear 두려워하다
- □ might + 동사원형 …일지도 모른다
- □ weak 약한

- □ confidence 확신, 자신감
- □ scary 무서운
- □ fix 고치다
- □ hammer 망치
- □ interrupt 끼어들다, 방해하다
- □ thought 생각
- □ serious 심각한

The Little Prince looked angry.

"I don't believe you! Flowers are weak. They need confidence. They need thorns to look scary."

I didn't answer. I was thinking, "I have to fix my engine with a hammer."

But again the Little Prince interrupted my thoughts.

"Then you think flowers…"

"I don't think anything! I'm busy here with something serious!" I cried.

---

1 **be busy …ing** …하느라 바쁘다
At that moment I was busy trying to repair my plane engine.
그 순간에 나는 비행기 엔진을 수리하느라고 정신이 없었다.

2 **no good for anything** 아무런 쓸모도 없는(= good for nothing)
Thorns are no good for anything.
가시는 아무 데도 쓸 데가 없어.

"You talk like the grown-ups! You don't know what is serious and what is not!"

Then his face turned red. "Imagine a boy loves a flower. Imagine there is no other flower like it among all the millions and millions of stars. It makes him happy when he looks at the stars. But imagine a sheep eats the flower. The boy will feel as [1] if all the stars went out. And that isn't important?"

Suddenly he started crying. I took him in my arms. I told him, "The flower you love is not in danger. I'll draw you a fence for your flower... I ..."

? 넷째 줄의 like와 같은 의미로 쓰인 것은?

a. I <u>like</u> you.
b. She looks <u>like</u> an angel.
c. My cat doesn't <u>like</u> me.

q 月8

□ turn red 빨개지다
□ imagine 상상하다
□ millions of 수백만 개의
□ go out 사라지다, 꺼지다
□ be in danger 위험에 처하다
□ fence 울타리, 담장

□ somewhere else 그밖에 다른 곳에서
□ closely 자세히, 주의 깊게
□ bud 꽃봉오리
□ amazing 놀라운, 훌륭한
□ appear 나타나다

1 **as if** 마치 …인 것처럼
The boy will feel as if all the stars went out.
아이는 마치 별들이 사라진 것처럼 느낄 거야.

★ ★ ★

I soon learned more about that flower. On the Little Prince's planet, flowers were small and simple. But his flower had grown from a seed that came from somewhere else. He had watched it very closely. And the Little Prince could see a new flower bud.

The flower bud got bigger and bigger. The Little Prince knew it must open soon. A truly amazing flower would appear.

Mini-Less☀n

See p.112

get + 비교급 and 비교급: 점점 더 …해지다

get cold는 '추워지다' 라는 말이죠. 그렇다면 get colder and colder는? '점점 더 추워지다' 라는 뜻이에요. 동사 get 다음에 '비교급 and 비교급'을 쓰면 '점점 더 …해지다' 라는 표현이 되죠.

• The flower bud got bigger and bigger. 꽃봉오리는 점점 더 커졌다.
• The weather got hotter and hotter. 날씨가 점점 더워졌다.

But this flower did not open quickly. Inside the bud, she worked hard to be beautiful. She carefully chose her colors.

Then one morning, exactly at sunrise, she appeared. She yawned and said, "Ah! Forgive me. I'm still a mess."

But the Little Prince admired her.

"How lovely you are!" he said.

"I am, aren't I?" answered the flower sweetly.

"I think it is breakfast time," she added.

"Would you be kind and water me?"

He gave the flower some water.

But soon her pride bothered him. One day, for example, she talked about her four thorns.

☐ choose 고르다
  (choose–chose–chosen)
☐ exactly 정확하게
☐ at sunrise 해 뜰 무렵
☐ yawn 하품하다
☐ forgive 용서하다
☐ mess 뒤죽박죽, 엉망
☐ admire 감탄하다, 황홀하게 바라보다
☐ lovely 사랑스러운, 아름다운
☐ sweetly 상냥하게, 달콤하게
☐ add 더하다, 덧붙이다
☐ water 물을 주다
☐ pride 자만심
☐ bother 귀찮게 하다
☐ claw (고양이·매 등의) 갈고리 발톱
☐ screen 막, 가리개
☐ silly 어리석은
☐ embarrass 당황하게 하다, 부끄럽게 하다
☐ cough 기침하다

"I'm ready for tigers, with their claws!" she said. [1]

"But I am afraid of the cold and wind. Do you have [2] a screen? After dark, please put me under glass. It is so cold here, where you live. Where I come from ..."

But she was suddenly silent. She had come here as a seed. She didn't know anything about other worlds. The silly lie she had started to tell embarrassed her. She coughed two or three times to show she was cold.

"Do you have a screen?" she asked again.

"I was going to look for one. But you were speaking to me!"

---

1 **be ready for** ···에 준비가 되어 있다
I'm ready for tigers, with their claws!
난 발톱 달린 호랑이들도 맞을 준비가 되어 있어요.

2 **be afraid of** ···을 두려워하다
But I am afraid of the cold and wind.
하지만 추위와 바람은 무서워요.

So, the Little Prince began to mistrust her. Some of her words were silly, but he still took them all seriously.

But then he told me, "In those days, I didn't understand anything. She perfumed my planet. She made my life bright. I should not have run away! I should have realized that she wanted to impress me. I was too young to know how to love her." [1]

□ mistrust 의심하다
□ take ... seriously ⋯을 심각하게 받아들이다
□ perfume 향기롭게 하다
□ realize 깨닫다
□ impress 감동시키다

□ make one's escape 도망가다
□ wild bird 야생의 새
□ volcano 화산
□ warm up 데우다
□ pull up 뽑아버리다
□ have a cold 감기에 걸리다

To make his escape, I think the Little Prince flew
with some wild birds that were going to a new land.
On the morning the Little Prince planned to leave,
he cleaned out his three little volcanoes. He had
used them to warm up his breakfast. The Little
Prince also pulled up the last baobab plants. As he
watered the flower one last time, he felt like crying. [2]

"Good-bye," he said to the flower. But she did not
answer.

"Good-bye," he said again. The flower coughed. But
she didn't really have a cold.

---

[1] **how to + 동사원형** 어떻게 …하는지
I was too young to know how to love her.
나는 너무 어려서 꽃을 어떻게 사랑해야 하는지 몰랐어.

[2] **feel like ...ing** …하고 싶어하다
As he watered the flower one last time, he felt like crying.
마지막으로 한 번 꽃에 물을 주면서 어린왕자는 울고 싶어졌다.

Mini-Less☀**n**

See p.113

진작 그렇게 할 걸~ : should have p.p.

이미 지나간 일을 가지고 '…했어야 했는데'라며 후회할 때 'should have p.p.'를
써요. 'should not have p.p.(…하지 말았어야 했는데)'도 함께 기억해 두세요.

• I should not have run away! 난 도망을 가지 말아야 했어!
• I should have realized that she wanted to impress me.
  꽃이 나를 기쁘게 하려 했다는 것을 깨달았어야 했는데.

"I've been silly," she told him at last.

"Forgive me, and try to be happy."

He stood there with the flower's glass cover in his [1] hand. He didn't understand her calm sweetness.

"Of course I love you," the flower told him.

"It was my fault that you didn't know it. Put that glass thing down. I don't want it anymore," she then ordered.

"I can protect myself." Then she added, "You made up your mind to go. Now go." [2]

She hid her tears from the Little Prince. She was such a proud flower. [3]

□ at last 마침내
□ forgive 용서하다
□ try to + 동사원형 …하려고 애쓰다
□ calm 고요한, 차분한
□ sweetness 친절함, 부드러움

□ fault 잘못, 실수
□ put down 내려놓다
□ not … any more 더이상 …하지 않다
□ protect 보호하다, 지키다
□ hide 감추다 (hide-hid-hidden)

1 **with** …가 ~한 채로
He stood there with the flower's glass cover in his hand.
그는 꽃 유리 덮개를 손에 쥔 채 그곳에 서 있었다.

2 **make up one's mind** 결심하다
You made up your mind to go. 당신은 떠나기로 결심을 했잖아요.

3 **such a** 그토록 …한
She was such a proud flower. 그녀는 그토록 자만심이 강한 꽃이었다.

 Check-up Time!

● WORDS

빈 칸에 알맞은 단어를 고르세요.

1 Flowers have _____ to look scary.
 a. plants   b. seeds   c. thorns

2 _____ usually have large holes at the top.
 a. Bushes   b. Volcanoes   c. Claws

3 I can't _____ more beautiful flower than this one.
 a. appear   b. plan   c. imagine

4 Please _____ me. I didn't know I hurt you.
 a. realize   b. forgive   c. add

● STRUCTURE

괄호 안의 단어를 알맞게 배열해 문장을 쓰세요.

1 I didn't know that you loved me. (I, known, have, should, that).

_____

2 You broke the glass! (You, have, been, should, careful).

_____

다음은 누가 한 말일까요? 그림 밑에 번호를 적어 넣으세요.

⬚ ⬚

⬚

⬚ ⬚

1 "You talk like the grown-ups!"

2 "Would you be kind and water me?"

3 "I'll draw you a fence for your flower."

4 "I'm ready for tigers!"

5 "Thorns are no good for anything."

● SUMMARY

빈 칸에 알맞은 말을 보기에서 골라 이야기를 완성하세요.

ran	admired	nobody	special	lie

The Little Prince had a _____ flower. It came from somewhere _____ knows. She was so lovely. The Little Prince _____ her. But she bothered the Little Prince. She asked for water and a cover. She even told him a _____. So the Little Prince _____ away from her.

The Little Prince Visits Other Planets

다른 별로 떠난 어린왕자

He was near Asteroids 325, 326, 327, 328, 329, and 330. So he visited them first.

A king lived on the first planet. He wore a white fur robe that covered the entire planet. The Little Prince couldn't find a place to sit down. And because he was tired, he yawned.

"I do not allow you to yawn," the king said. [1]

"I can't help it," said the Little Prince. "I've made a long journey. And I haven't had any sleep."

"Then I order you to yawn," said the king.

"Sir, excuse me for asking ... " the Little Prince asked. "What do you rule over?"

"I rule over everything," he told the Little Prince.

□ asteroid   소행성
□ fur robe   모피 옷
□ entire   전체의
□ yawn   하품하다
□ help   억제하다, 참다

□ make a journey   여행하다
□ order   명령하다
□ excuse   용서하다
□ rule over   …을 통치하다
□ point to   …을 가리키다

He pointed to the stars. The Little Prince then asked [2]
him to order a sunset.

"I will order it. But science must tell me when the
time is right."

1 **allow + A(목적어) + to + 동사원형** A에게 …하도록 허락하다
I do not allow you to yawn. 짐은 네게 하품을 하도록 허락하지 않았노라.

2 **ask + A(목적어) + to + 동사원형** A에게 …해 달라고 요청하다
The Little Prince then asked him to order a sunset.
그러자 어린왕자는 그에게 일몰을 명령해 달라고 요청했다.

He looked at a calendar. "Well, well! That will be about ... that will be tonight about seven-forty!"

The Little Prince knew he wouldn't get his sunset. He became bored.

"I'm going to leave now," he told the king.

"Do not leave!" answered the king.

"I will make you my minister!"

"A minister of what?"

"Of ... of justice!"

"But there's no one here to judge!" he said as he left. [1]

"Wait! I will make you my ambassador," the king quickly shouted after him.

"*Grown-ups are so strange*," the Little Prince said to [2] himself as he went on his way.

 Which is true about the king?
a. He can make a sunset anytime.
b. He cannot make a sunset.
c. He doesn't like sunsets.

□ bored   지루해하는, 따분한
□ minister of justice   법무장관
□ judge   재판하다, 판결하다
□ ambassador   대사
□ shout after   …의 뒤에 대고 소리치다
□ go on one's way   길을 계속 가다

□ vain   허영심이 강한, 잘난 척하는
□ clap one's hands   박수 치다
□ bow   (머리를 숙여) 인사하다
□ tip   살짝 건드리다
□ decide   결정하다
□ boring   따분한, 지루한

★ ★ ★

A very vain man lived on the second planet.

"Hello," said the Little Prince. "That's a funny hat you're wearing."

"It's for receiving praise," replied the vain man.

"But sadly, no one else lives here."

The Little Prince did not understand the vain man.

"Clap your hands," said the man.

The Little Prince clapped his hands, and the vain man bowed and tipped his hat. '인사하다'도 bow, '챙'도 bow입니다. 공통점우? '구부려진다'는 것이죠. 두 단어가 어원이 같아요.
He then clapped again. And the very vain man bowed and tipped his hat again.

After five minutes, the Little Prince decided the game was boring.

---

1 **no one** 아무도 …하지 않다
   But there's no one here to judge!
   하지만 여기에는 재판할 사람이 하나도 없잖아요!

2 **say to oneself** 혼잣말하다
   "*Grown-ups are so strange*," the Little Prince said to himself as he went on his way.
   "어른들은 정말 이상해." 어린왕자는 자기의 길을 계속 가면서 혼자 중얼거렸다.

admire 감탄하다, 칭찬하다
handsome 잘생긴
best-dressed 멋지게 치장한,
옷을 가장 잘 입은
smart 똑똑한
anyway 어쨌든
certainly 정말로
continue on …을 계속하다
journey 여행

"Do you really admire me?" he asked the Little Prince.

"What does that mean – admire?"

"To admire means to think that I am the handsomest, the best-dressed, and the smartest man on the planet."

"But you're the only man on your planet!" said the Little Prince.

"Admire me, anyway."

"I admire you," said the Little Prince.

"*Grown-ups are certainly very strange*," he said to himself as he continued on his journey.

Mini-Less ✿n

최고에게는 언제나~ : 최상급 the ~est

셋 이상을 놓고 비교하면서 '가장 …한'이라고 말하는 것을 '최상급'이라고 해요.
형용사에 -est를 붙이고 the와 함께 쓰이죠. the tallest(가장 키가 큰), the smallest
(가장 작은)처럼요. good의 최상급은 best(최고의)라는 것도 알아두세요.

• To admire means to think that I am the handsomest, the best-dressed and the smartest man on the planet.
  찬양한다는 것은 내가 이 별에서 가장 잘생기고, 옷도 가장 잘 입고 가장 똑똑한 사람이라고 생각하는 거지.
• The cheetah is the fastest animal in the world. 치타는 이 세상에서 가장 빠른 동물이다.

The drunkard lived in the next planet.
"What are you doing there?" the Little Prince asked
the drunkard. "Drinking," replied the drunkard.
"Why are you drinking?" asked the Little Prince.
"To forget that I'm ashamed," said the drunkard.
"What are you ashamed of?" asked the Little Prince.
"Of drinking!" said the drunkard.
"*Grown-ups are very, very strange,*" he said to
himself. He continued on his journey.

★　★　★

The fourth planet belonged to a businessman. [2]

The businessman was counting.

"Whew! That adds up to five-hundred-and-one million, six hundred-twenty-two thousand, seven hundred thirty-one."

"Five-hundred million what?" the Little Prince asked.

The businessman raised his head.

"I've lived on this planet for fifty-four years. And I've been interrupted only three times," he said. "The first time, a goose fell on my desk. The second time, I was interrupted by rheumatism pain. I don't have time to exercise.

- □ drunkard 술고래
- □ reply 대답하다
- □ forget 잊어버리다
- □ count 세다, 계산하다
- □ add up to 합해서 …가 되다
- □ raise one's head 고개를 들다
- □ interrupt 방해하다, 끼어들다
- □ rheumatism 류머티즘
- □ pain 고통
- □ exercise 운동하다

1 **be ashamed of** …을 부끄러워하다
What are you ashamed of? 뭐가 부끄러우세요?

2 **belong to** …에 속하다, …의 것이다
The fourth planet belonged to a businessman.
네 번째 별은 비즈니스맨의 것이었다.

The third time is right now! Where was I?
Five-hundred-and-one million ...”
    “Five-hundred million what?”
    “They make lazy people dream. I'm a busy person,
so I have no time to dream.”
    “Ah! You mean the stars?”
    “Yes, that's it. Stars.”

☐ Where was I? 어디까지 했더라?
☐ lazy 게으른
☐ That's it. 바로 그거야.
☐ own 소유하다
☐ again and again 계속해서
☐ enough 충분한
☐ useful 쓸모 있는
☐ silent 조용한, 고요한
☐ certainly 정말로
☐ unusual 이상한, 흔치 않은

"What do you do with those stars?"

"Nothing. I own them."

"But the stars belong to nobody."

"They belong to me because I thought of owning them first."

"Then what do you do with them?"

"I count them again and again," said the businessman.

"And that's all?"

"That's enough!"

"That's funny," thought the Little Prince.

"I own a flower," he said. "I water it every day. I am useful to my flower. But you are not useful to the stars."

The businessman became silent.

"*Grown-ups are certainly unusual,*" he said to himself as he continued on his journey.

Mini-Less☀n

make + A (목적어) + 동사원형: A를 …하게 만들다

누군가 나를 꿈꾸게 만들고, 울게 만들고, 웃게 만들어요. 이런 것을 어떻게 표현할까요?
'make + A + 동사원형(A를 …하게 만들다)'의 형태를 이용해서 make me dream,
make me cry, make me laugh라고 하면 되죠.

- They make lazy people dream. 그것들은 게으른 사람들을 꿈꾸게 만들지.
- Nobody could make the baby stop crying. 아무도 그 아기의 울음을 멈추게 할 수 없었다.

★ ★ ★

The fifth planet was the smallest one. There was only enough room for one street lamp and one lamp-lighter. The Little Prince greeted the lamp-lighter.

"Good morning. Why did you just put out your [1] lamp?"

"Orders," answered the lamp-lighter. "Good morning."

"What orders?"

"Orders to put out my street lamp. Good evening." Then he lit his lamp again.

"But why did you just light your lamp again?"

"A day lasts one minute here. So I light my lamp and put it out once a minute! Orders."

□ room 공간, 자리
□ street lamp 가로등
□ lamp-lighter 가로등 켜는 사람
□ greet 인사하다

□ order 명령
□ light 불을 켜다 (light–lit–lit)
□ last 계속되다, 지속되다
□ once a minute 1분에 한 번

1 **put out** (불을) 끄다
   Why did you just put out your lamp?
   왜 방금 가로등을 끄셨어요?

"But you can walk around your planet in three steps," the Little Prince said.

"Walk slowly and you'll always be in the sun. You will not need to light your lamp."

"But that does not help," said the lamp-lighter.

"I really just want to sleep."

"Then you're unlucky," said the Little Prince.

He left, feeling sorry for the [1] lamp-lighter.

□ walk around …주변을 걸어다니다
□ step 발걸음
□ need to + 동사원형 …할 필요가 있다
□ unlucky 운이 나쁜
□ leave 떠나다 (leave–left–left)
□ explorer 탐험가

□ geographer 지리학자
□ gentleman 신사
□ desert 사막
□ ocean 대양, 바다
□ place 장소
□ remember 기억하다

1 **feel sorry for** …을 불쌍히 여기다
He left, feeling sorry for the lamp-lighter.
그는 가로등 켜는 사람을 불쌍히 여기면서 그곳을 떠났다.

2 **write down** 적어 놓다, 기록하다
I talk to explorers and write down what they remember.
나는 탐험가와 얘기를 나누고 그들이 기억하고 있는 것을 기록하지.

★ ★ ★

The sixth planet was ten times bigger than the last
one. There, an old gentleman was writing large
books.

"Here comes an explorer!" the man said to himself.

"What's that big book?" asked the Little Prince.

"I'm a geographer," answered the old gentleman.
"I study the seas, rivers, cities, mountains, and
deserts.*" 본래 라틴어로 '버리다'라는 뜻이어서
오래 전에는 버려진 땅을 다 desert라고 했어요. 지금은 '사막'이죠.

"Does your planet have any oceans and
mountains? Or deserts?" asked the Little Prince.

"I don't know," said the geographer.

"I'm a geographer, not an explorer. I don't travel to
places. I talk to explorers and write down what they ²
remember."

Mini-Less☀n

정확히 몇 배가 더 크냐고요!: ... times bigger than

'조금 더 크다,' '많이 더 크다' 애매하죠? 'times(…배)'를 써서 더 정확하게 표현해
보세요. two times는 '두 배', three times는 '세 배'예요. "two times bigger than"은?
'…보다 두 배가 더 큰'이라는 뜻이지요.

• The sixth planet was ten times bigger than the last one.
  여섯 번째 별은 저번 것보다 열 배가 컸다.
• My cat is two times faster than yours. 내 고양이는 네 고양이보다 두 배 빠르다.

"But you're an explorer!" the geographer said. "Please describe your planet for me!"

"It's so small," said the Little Prince, "I have three volcanoes and one flower."

☐ describe 묘사하다, 설명하다
☐ record 기록하다
☐ ephemeral 덧없는, 하루밖에 살지 못하는
☐ mean 의미하다

☐ disappear 사라지다
☐ continue 계속하다
☐ journey 여행
☐ advise 충고하다
☐ the planet Earth 지구

"We don't record flowers, because they are ephemeral."

"What does ephemeral mean?"

"It means 'will soon disappear.'"

"Will my flower soon disappear?"

"Of course."

The Little Prince regretted leaving his flower, but he [1] still wanted to continue his journey.

"Where would you advise me to visit?" he asked.

"The planet Earth," answered the geographer.

And the Little Prince went on his way, thinking [2] about his flower.

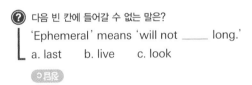

? 다음 빈 칸에 들어갈 수 없는 말은?

'Ephemeral' means 'will not ____ long.'

a. last   b. live   c. look

정답 c

---

1 **regret ...ing** ···한 것을 후회하다
   The Little Prince regretted leaving his flower, but he still wanted to continue his journey.
   어린왕자는 꽃을 떠나온 것이 후회가 되었지만 여행을 계속 하고 싶었다.

2 **go on one's way** 자기의 길을 계속 가다
   And the Little Prince went on his way, thinking about his flower. 그리고 어린왕자는 자기 꽃을 생각하면서 길을 계속 갔다.

The seventh planet was the Earth.

The Earth is not just another planet! It contains one hundred and eleven kings, seven thousand geographers, nine-hundred thousand businessmen, seven-and-a-half million drunkards, and three-hundred-eleven million vain men.

In total, it has about two billion grown-ups. [1]

Before electric lights were invented, the Earth also needed four-hundred-sixty-two thousand, five hundred and eleven lamp-lighters.

☐ contain 포함하다, 가지고 있다
☐ million 백만
☐ billion 십억
☐ electric light 전구
☐ invent 발명하다
☐ watch 바라보다
☐ ballet 발레
☐ light 불을 밝히다 (light–lit–lit)

☐ Siberia 시베리아
☐ perform 연기하다, 연주하다, 춤추다
☐ finish 끝나다
☐ turn 차례, 순서
☐ appear 등장하다, 나타나다
☐ exactly 정확하게
☐ right 정확한, 맞는
☐ amazing 훌륭한, 멋진

From a distance, the lamp lights were beautiful.
Watching them light up was like watching a ballet.

First, the lamp-lighters of New Zealand and
Australia lit their lamps. Then they went home to
sleep, and the lamp-lighters of China and Siberia
performed their part of the ballet. When their part
finished, the lamp-lighters of Russia and India had
their turn. And then came the lamp-lighters of
South America and North America. All the
lamp-lighters appeared in the ballet at exactly the
right time. It was amazing!

1 **in total** 통틀어서
   In total, it has about two billion grown-ups.
   전체 다 해서 지구에는 어른들이 약 20억 명 있다.

2 **from a distance** 멀리서
   From a distance, the lamp lights were beautiful.
   멀리서 보면 가로등이 아름다웠다.

 Check-up Time!

● WORDS

빈 칸에 알맞은 단어를 보기에서 골라 써 넣으세요.

rule over	sit down	write down	belong to	put out

1 Is there any place for me to _____?

2 I'm a King. I _____ everything in my planet.

3 The Hawaiian Islands _____ the United States.

4 Did you _____ the lights upstairs?

5 We have to _____ names and phone numbers.

● STRUCTURE

괄호 안에서 알맞은 것에 동그라미 하세요.

1 Jake is the (smarter, smartest) in his class.

2 The sun is four hundred times (bigger, biggest) than the moon.

3 Do you think Ron is the (handsomer, handsomest) among your friends?

4 My backpack is three times (heavier, heaviest) than yours.

5 My flower is the (lovelier, loveliest) one in the world.

ANSWERS

Structure : 1. smartest 2. bigger 3. handsomest 4. heavier 5. loveliest
Words : 1. sit down 2. rule over 3. belong to 4. put out 5. write down

각각의 별의 주인을 바르게 설명한 것을 찾아 선으로 연결하세요.

1 The king on the first planet   ·

2 The vain man thought   ·

3 The drunkard   ·

4 The businessman   ·

5 The lamp-lighter   ·

6 The geographer   ·

a studied the seas, rivers and deserts.

b was very busy lighting and putting out the street lamp.

c was ashamed of drinking.

d liked to order everything.

e he was the best in the world.

f counted stars all day long.

● SUMMARY

빈 칸에 알맞은 말을 보기에서 골라 이야기를 완성하세요.

amazing	stupid	grown-ups	performed	last

The Little Prince visited other planets. Funny people were living on each planet. Most of them seemed very _____ to the Little Prince. He thought _____ were so strange. The _____ planet was the Earth. The Earth had so many lamp-lighters. They _____ beautiful ballet every day. It was so _____ .

사실 또는 허구?

Fact or Fiction?

Do funny grown-ups really live on asteroids?

No! Asteroids are small bodies orbiting the sun. They are too small
to be called planets. So, we usually call them "minor planets."
Asteroids are made of rock or metal. It means that no living things
can exist on them. There's not one grown-up on an asteroid.

Did B-612 really exist?

The Little Prince came from asteroid B-612. The author said it was
discovered by Turkish astronomer. But asteroid B-612 does
not really exist. It was created by author's imagination.
By the way, there is an asteroid called 46610
Besixdouze. Besixdouze is French for "B-six-twelve."
It was discovered in 1993.

소행성에는 정말 우스운 어른들이 살고 있을까? 그렇지 않다! 소행성은 태양 궤도를
도는 작은 물체이다. 이들은 너무 작아서 행성이라고 할 수 없다. 그래서 우리는 이들을
"작은 행성"이라고 부른다. 소행성은 바위나 금속물질로 이루어져 있다. 그것은 생명체가
그곳에서 살 수 없다는 것을 뜻한다. 소행성에는 어른이 전혀 없다.

B-612는 실제로 존재했을까? 어린왕자는 소행성 B-612에서 왔다. 저자는 터키의
천문학자가 이 별을 발견했다고 했다. 하지만 실제로, 소행성 B-612는 존재하지 않는다.
그것은 작가의 상상력으로 창조된 것이다. 그런데, 46610 Besixdouze라는 이름의
소행성이 있다. Besixdouze는 프랑스어로 "B-612"를 뜻한다. 그것은 1993년에
발견되었다.

Did Saint-Exupéry meet the Little Prince or know him?

The Little Prince is an imaginary character. But the story was inspired by the author's experience. On December 30, 1935, Saint-Exupéry and his navigator crashed in the Sahara Desert. They survived the crash, but got lost in the desert. They soon ran out of water and began to see mirages. But fortunately on the fourth day, when they were nearly dead of thirst, they were discovered. It is said that Saint-Exupéry met a fennec fox in the desert and that gave him the inspiration for the wise fox in *The Little Prince*.

생텍쥐페리는 어린왕자를 만났거나 알고 있었을까?

어린왕자는 꾸며낸 인물이다. 하지만 그 이야기는 작가의 경험에서 영감을 얻은 것이다.
1935년 12월 30일, 생텍쥐페리와 그의 항법사는 사하라 사막에 불시착했다.
그들은 목숨을 구하기는 했지만 사막에서 길을 잃었다. 얼마 안 있어 물이 다 떨어지고,
신기루가 보이기 시작했다. 하지만 다행히 넷째 날, 목이 말라 거의 죽어가려는
순간에 그들은 발견되었다. 생텍쥐페리는 사막에서
아프리카 여우를 만났고, 여기서 〈어린왕자〉에
등장하는 현명한 여우에 관한 영감을
얻었다고 한다.

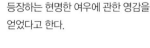

The Little Prince Comes to Earth

지구에 온 어린왕자

When he reached Earth, the Little Prince thought he had come to the wrong planet. There were no people. But then he saw something in the sand. It looked like a golden rope.

"Good evening," said the Little Prince.

"Good evening," said the snake.

"What planet am I on?" asked the Little Prince.

"On Earth, in Africa," replied the snake.

"Then there are no people on Earth?"

"This is the desert," said the snake.

"Look!" the Little Prince said, pointing. "There's my planet. So far away!"

"It's lovely," the snake said. "Why did you come to Earth?"

☐ look like …처럼 보이다
☐ golden 금빛의, 금으로 만든
☐ rope 밧줄, 끈
☐ reply 대답하다

☐ desert 사막
☐ point 가리키다
☐ far away 멀리서
☐ lovely 아름다운

Mini-Less☀n

과거보다 더 과거 : 과거완료(had + 과거분사)

과거에도 순서가 있어요. 과거를 기준으로 해서 그 이전에 일어난 일은
'과거완료' 시제라고 하고, 'had + p.p.(과거분사)'의 형태로 쓰죠.

- When he reached Earth, the Little Prince thought he had come to the wrong planet.
  지구에 도착했을 때, 어린왕자는 자기가 잘못된 별에 왔다고 생각했다.
- When I reached the station, the train had already left.
  정거장에 도착해 보니 기차는 이미 떠나고 없었다.

"I'm having problems with a flower," said the Little Prince.

"Where are the people?" asked the Little Prince. "It's a little lonely in the desert."

The Little Prince then looked at the snake and said, "You are only as thick as a finger." [1]

"But I'm more powerful than a king's finger," said the snake. He wrapped himself around the Little Prince's ankle and added, "I can send anything wherever I want to send it."

The Little Prince did not answer.

"Some day," said the snake. "I can help you get back to your planet if you get homesick."

☐ have problems with …에 문제가
  있다
☐ lonely 쓸쓸한, 외로운
☐ thick 두꺼운
☐ powerful 강한, 힘이 센
☐ wrap around …둘레를 감싸다
☐ ankle 발목

☐ get back to …로 돌아가다
☐ get homesick 고향을 그리워하다
☐ petal 꽃잎
☐ politely 공손하게
☐ caravan (사막의) 대상, 상인들
☐ go past 지나가다
☐ blow away 날려보내다

1 **as ~ as ...** …만큼 ~한
  You are only as thick as a finger. 넌 굵기가 겨우 손가락 만해.

2 **of no importance** 중요하지 않은
  It was a flower with three petals – a flower of no importance.
  그것은 꽃잎 세 개가 달린 꽃, 중요하지도 않은 꽃이었다.

★   ★   ★

The Little Prince saw only one flower in the desert.
It was a flower with three petals – a flower of no
importance. [2]

"Where are the people?" the Little Prince politely
asked the flower.

The flower had only once seen a caravan go past.

"There are about six or seven people in the world.
The wind blows them away. They don't have roots
like flowers do, and this makes their life difficult."

"Good-bye," said the Little Prince.

"Good-bye," said the flower.

Mini-Less☀n

where vs. wherever

where는 '…한 곳에'라는 뜻이고, wherever는 '…한 곳은 어디나'라는 뜻이에요.
훨씬 더 의미가 강조되어 있지요.

- I can send anything wherever I want to send it.
  난 무엇이든지 내가 보내고 싶은 곳 어디로나 보낼 수 있어.
- My little brother follows me wherever I go.
  내 동생은 내가 가는 곳은 어디든지 따라온다.

★ ★ ★

The Little Prince then came upon a high mountain.

"*On top of this mountain,*" he said to himself, "*I'll be able to see all the people on this planet.*" [1]

But from the top, he saw only rocky mountain peaks. "Hello," he said.

"Hello … hello … hello …," answered the echo.

"Who are you?" asked the Little Prince.

"Who are you … who are you … who are you …" answered the echo.

"Let's be friends. I'm lonely," he said.

"I'm lonely… I'm lonely… I'm lonely…," answered the echo.

"*What a strange planet!*" thought the Little Prince.

? 일곱째 줄에서 "Who are you?"라고 말할 때의 심정은?
L a. angry   b. satisfied   c. surprised

정답: c

□ then 그리고 나서, 이제
□ come upon …을 우연히 만나다
□ top 꼭대기
□ rocky 바위 투성이의
□ mountain peak 산꼭대기
□ echo 메아리

1 **be able to + 동사원형** …할 수 있다
I'll be able to see all the people on this planet.
난 이 별 위에 있는 사람들을 모두 볼 수 있을 거야.

For a long time, the Little Prince walked through sand and rocks and snow. Finally, he discovered a road. He followed the road, and came upon a rose garden.

"Good morning," he said.

"Good morning," said the roses. They all looked like his flower.

"Who are you?" he asked, surprised.

"We're roses," said the roses.

The Little Prince felt very sad about his flower. She said she was different from every other flower in the universe. But this garden had five thousand flowers, and every one looked just like her!

☐ walk through …을 거쳐서 걸어가다
☐ finally 드디어
☐ discover 발견하다
☐ be different from …와 다르다
☐ universe 우주

☐ frustrated 좌절한
☐ special 특별한
☐ own 소유하다
☐ ordinary 보통의, 흔한
☐ lie down 눕다 (lie-lay-lain)

1 **If + 주어 + 과거동사, 주어 + would + 동사원형** 만약 …한다면, ~할 텐데(가정법 과거)
   My flower would be very frustrated if she saw this.
   내 꽃이 이걸 본다면 굉장히 슬퍼할 거야.

2 **all (that) I own** 내가 가진 모든 것
   But all I own is an ordinary rose. 흔한 장미 한 송이가 내가 가진 전부야.

"*My flower would be very frustrated if she saw this,*" [1] the Little Prince said to himself. "*I thought I was rich because I had one very special flower. But all I own is an* [2] *ordinary rose.*"

And he lay down in the grass and cried.

The Little Prince felt sad because his flower was not _____.
a. beautiful b. special c. ordinary

★ ★ ★

It was then that the fox appeared.

"Good morning," said the fox.

"Good morning," answered the Little Prince politely.

"Who are you? You're very pretty."

"I'm a fox," said the fox.

"Come and play with me," suggested the Little Prince. "I'm feeling very sad."

"I can't play with you," said the fox. "I'm not tamed."

□ suggest 제안하다
□ tamed 길이 든: tame 길들이다
□ create 만들어 내다
□ ties 인연, 유대감
□ explain 설명하다
□ each other 서로서로
□ for me 나로서는, 나에게는

□ possibly 아마도
□ hunt 사냥하다, 추적하다
□ all the same 똑같은
□ boring 지루한, 따분한
□ be filled with …로 가득 차다
□ sunshine 햇빛
□ wheat 밀

"What does *tamed* mean?" asked the Little Prince.

"It means, 'to create ties.' I'll explain. For me, you're only a little boy like all other little boys. For you, I'm only a fox like all other foxes. But if you tame me, we'll need each other. You'll be the only boy in the world for me. I'll be the only fox in the world for you."

"I think I understand," said the Little Prince. "There's a flower. I think she tamed me."

"Possibly," said the fox.

Then he added, "I hunt chickens and people hunt me. Chickens are all the same and men are all the same. It's boring! But if you tame me, my life will be filled with sunshine. The sun will make the wheat a golden color like your hair. Whenever I see the wheat, I will remember you."

Mini-Less ☀ n

See p.114

"내가 사랑하는 건 바로 너야": It is ~ that ... 강조 구문

"난 너를 사랑해(I love you)." "내가 사랑하는 건 바로 너야.(It is you that I love)." 같은 말이지만 느낌이 조금 다르죠? 뒤의 것이 더 의미가 '강조' 되어 보여요. "It is ~ that..."은 "…한 것은 바로 ~"라는 뜻으로, 강조 구문이라고 하지요.

• It was then that the fox appeared. 여우가 나타난 건 바로 그때였다.
• It was Jack that helped me then. 그때 나를 도와준 사람은 바로 잭이었다.

"Please tame me!" the fox said.

"What do I have to do?" asked the Little Prince.

"You have to be very patient," answered the fox.
"First you'll sit a little away from me.
Then, every day, you'll sit a little closer.
You will say nothing.

Words create misunderstandings. And come at the
same time every day. Then my heart will be prepared
for you." [1]

The Little Prince tamed the fox, but soon it became
time to leave.

"Ah!" said the fox. "I shall cry."

"I didn't want to hurt you," said the Little Prince.
"But you insisted that I tame you."

"Yes, of course," said the fox. "I get the golden
color of the wheat from being tamed. Now go look [2]
at the roses again. You'll understand that your rose
is the only one in the world. Then come back to say
good-bye. I'll share a secret with you."

□ patient 참을성 있는
□ away from …로부터 떨어진
□ closer 더 가까이(close의 비교급)
□ misunderstanding 오해

□ hurt 아프게 하다, 마음을 상하게 하다
□ insist 주장하다
□ share 나누다, 함께 가지다
□ secret 비밀

---

1 **be prepared for** …에 준비가 되다
Then my heart will be prepared for you.
그러면, 나의 마음이 너를 맞을 준비가 될 거야.

2 **from being tamed** 길들여짐으로써(수동태의 동명사)
I get the golden color of the wheat from being tamed.
난 길들여짐으로써 황금빛 색깔의 밀을 갖게 되었어.

The Little Prince went to look at the roses again.

"You're lovely, but you're empty," he told them.

"My rose is more important than all of you together.

Since she's the one I watered. Since she's the one I listened to when she complained. Since she's my rose."

And he went back to the fox.*

"Good-bye," he said.

"Good-bye," said the fox. "Here is my secret. You see clearly only with your heart. Nothing important can be seen with your eyes." Then the fox added, "You spent time on your rose, so you are responsible for her." [1]

fox는 'tail(꼬리)'을 뜻하는 어떤 말에서 유래했어요.
털이 많고 긴 꼬리가 여우의 특징이니까요.

□ empty 텅 빈, 공허한
□ since …이기 때문에
□ complain 불평하다
□ clearly 분명하게
□ be responsible for …에
  책임이 있다
□ railway switchman 전철원

□ brightly 밝게, 환하게
□ lit 불이 켜진
□ express train 급행 열차
□ roar past 큰 소리를 내며 지나가다
□ shake 흔들다
  (shake-shook-shaken)
□ look for …을 찾다

1 **spend + 시간 + on** …에 시간을 들이다
   You spent time on your rose, so you are responsible for her.
   네가 너의 장미한테 시간을 들였으니까 그 꽃에게 책임이 있는 거야.

★ ★ ★

"Good morning," said the Little Prince.

"Good morning," said the railway switchman.

A brightly lit express train roared past and shook the switchman's little house.

"What are the travelers looking for?" asked the Little Prince.

"No one knows," said the switchman.

"Weren't they satisfied where they were?" asked the Little Prince.

"No one is ever satisfied where he is," said the switchman.

Then another train thundered past.

"Are these travelers chasing the first travelers?" asked the Little Prince.

"They're not chasing anything," said the switchman. "They're sleeping. Only the children are awake and looking out the windows."

"Only the children know what they're looking for," said the Little Prince.

☐ satisfied 만족한
☐ where …한 곳에서
☐ thunder past (천둥처럼) 큰 소리를 내며 지나가다
☐ chase 추적하다
☐ awake 깨어 있는
☐ sales clerk 점원, 판매원

☐ pill 알약
☐ thirst 갈증, 목마름
☐ take (약을) 먹다
☐ save (시간·돈 등을) 절약하다
☐ extra 여분의, 추가의
☐ toward …을 향해
☐ fountain 분수, 샘

1 by ...ing …함으로써
"You can save fifty-three minutes a week by not drinking," said the clerk.
"물을 마시지 않음으로써 너는 한 주에 53분을 절약할 수 있지"라고 판매원은 말했다.

"Good morning," said the Little Prince.

"Good morning," said the sales clerk.

She sold pills that stopped thirst. Take one pill
a week and you would have no need to drink.

"Why do you sell these pills?"

"You can save fifty-three minutes a week by not [1]
drinking," said the clerk.

"If I had an extra fifty-three minutes," the Little
Prince said to himself, "I'd walk very slowly toward
a water fountain."

Mini-Less ☀n

"만약에 말이에요": 가정법 과거

"내가 투명인간이라면", "내가 북극에 산다면", 이처럼 현재의 사실과 전혀 다른 것을
가정해 본 적 있죠? 이런 어법을 '가정법 과거'라고 해요. "만약 …라면 ∼할 텐데"라는 뜻으로,
"If + 주어 + 과거동사, 주어 + would + 동사원형"의 형태로 쓰죠.

• "If I had an extra fifty-three minutes," the Little Prince said to himself, "I'd walk very
  slowly toward a water fountain."
  어린왕자는 혼자 말했다. "나한테 53분이 더 생기면 천천히 걸어서 샘물로 갈 텐데."

• If I had a magic wand, I would change my home into an amusement park.
  나한테 마술 지팡이가 있다면 우리집을 놀이공원으로 만들어 버릴 텐데.

 Check-up Time!

● WORDS

다음에서 말하는 'I'는 누구일까요? 퍼즐을 맞추어 보세요.

1 I crawl on the ground. I look like a finger or a rope.

2 I am covered with sand or rocks. Not many plants live on me.

3 I have all the stars and planets in me.

4 I live in the mountains. I love to mimic sound.

5 People say I resemble a wolf. I'm a clever animal.

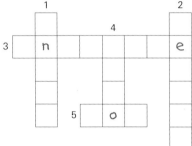

● STRUCTURE

「It is ... that ~」구문을 이용하여 밑줄 부분을 강조해 문장을 다시 쓰세요.

1 I love <u>you</u>.

_____

2 I want to have <u>a bulldog</u>.

_____

본문의 내용과 일치하면 T에, 일치하지 않으면 F에 ∨ 표시 하세요.

		T	F
1	The first thing the Little Prince met on Earth was a snake.	☐	☐
2	The Little Prince climbed up the mountains and met an echo.	☐	☐
3	The Little Prince was very sad to see the roses that looked like his flower.	☐	☐
4	The sales clerk was selling pills to help people sleep well.	☐	☐

● SUMMARY

빈 칸에 알맞은 말을 보기에서 골라 이야기를 완성하세요.

responsible   heart   same   golden   special

The Little Prince met many strange things on Earth. A snake looked like a _____ rope. Roses looked the _____ as his own flower. Among all those things he met, the fox was very _____. It taught him that he had tamed his flower, and that he was _____ for her. He also said we see clearly only with our _____, not with our eyes.

Farewell to the Little Prince

어린왕자와 헤어지기

It was now the eighth day since my plane crashed, and I had run out of water. The Little Prince and I [1] went looking for a well.

We walked for several hours in silence. The stars lit up the night sky. The Little Prince was tired. He sat down. I sat down next to him.

"The stars are beautiful because of a flower you don't see," the Little Prince said.

"Yes, that's right," I said.

I've always loved the desert. You sit down on a moonlit sand dune. You see nothing. You hear nothing. And yet something shines in that silence.

"The desert is beautiful," said the Little Prince, "because it hides a well somewhere ..."

- □ since …한 이래로
- □ crash 추락하다
- □ well 우물, 샘물
- □ in silence 조용히, 말없이
- □ light up 밝혀주다 (light–lit–lit)
- □ moonlit 달빛에 비친
- □ sand dune 모래 언덕

- □ yet 그럼에도 불구하고
- □ glow 타오르는 듯한 빛깔
- □ invisible 안 보이는
- □ fall asleep 잠이 들다
- □ pick up 들어 올리다
- □ touching 감동적인
- □ loyalty 충성

And then I understood the glow and mystery of the sands.

"Yes," I said to the Little Prince, "whether it's the ²
stars or the desert, their real beauty is invisible!"

The Little Prince was falling asleep. I picked him up in my arms,* and started walking again. "The most touching thing about this sleeping Little Prince is his loyalty to a flower," I thought.

★ arm은 라틴어의 'weapons(무기)'라는 말에서 유래되었어요. 지금도 arms는 '무기'를 뜻한답니다.

In the morning, I found the well.

---

1 **run out of** …가 다 떨어지다
   I had run out of water. 나는 물이 다 떨어졌다.

2 **whether A or B** A이든 B이든 간에
   Whether it's the stars or the desert, their real beauty is invisible!
   별이든 사막이든 간에, 그 진정한 아름다움은 눈에 보이지 않는 거야!

* * *

The well looked like it belonged to a village. [1]

"It's strange. The well is ready to use," I said to the Little Prince. "There's a pulley, a bucket and a rope."

The Little Prince grabbed the rope. The pulley made loud noises, as though it had been asleep a long time.

"Do you hear that?" said the Little Prince. "We've awakened this well and it's singing."

"Let me do that," I said to him. "It's too heavy for you."

Slowly, I lifted the bucket to the edge of the well.

"I'm thirsty," said the Little Prince. "Let me drink some."

The water was as sweet as a banquet. Its sweetness came from our walk beneath the stars, from the song of the pulley.

"You must keep your promise," said the Little Prince as he sat down beside me.

"What promise?"

"You know, a muzzle, to stop my sheep from eating [2] my flower!"

I then drew the muzzle and gave him the picture.

- □ be ready to　…할 준비가 되다
- □ pulley　도르래
- □ bucket　양동이
- □ grab　움켜쥐다
- □ make loud noises　큰 소리를 내다
- □ as though　마치 …인 것처럼
- □ awaken　(잠에서) 깨우다
- □ lift　들어올리다

- □ edge　가장자리
- □ thirsty　목이 마른
- □ banquet　연회, 진수성찬
- □ beneath　…아래에서
- □ keep one's promise　약속을 지키다
- □ muzzle　(동물의 입을 가리는 데 쓰는) 부리망, 입마개

1　**belong to**　…에 속하다
The well looked like it belonged to a village.
그 우물은 마을에 있는 우물 같아 보였다.

2　**stop A(목적어) from ...ing**　A를 …하지 못하게 하다
You know, a muzzle, to stop my sheep from eating my flower!
알잖아. 내 양이 내 꽃을 먹지 못하게 하는 입마개 말이야!

"Did you make plans that you didn't tell me about?"

But he didn't answer.

ann-우 라틴어로 year를 뜻합니다.
'annually(매년)' 등에도 나오죠.

He said, "Tomorrow will be the first anniversary of my fall to Earth. I landed very near here."

I felt a strange sadness. "So, when we met, it was not by chance. You were returning to the place where you fell to Earth! Is that right?"

He didn't answer.

"You must repair your engine," he told me. "I'll wait here. Come back tomorrow night."

His words didn't make me feel better.

I remembered the fox. There's a danger of tears when you let yourself be tamed. [1]

□ anniversary (해마다 돌아오는) 기념일
□ by chance 우연히
□ feel better 기분이 나아지다
□ poison 독
□ suffer 고통을 겪다, 괴로워하다

□ beat 가슴이 뛰다
□ foot 발치, 아래쪽
□ coil up 똘똘 감다
□ disappear 사라지다
□ get to ~에 도착하다

[1] **let + A(목적어) + 동사원형** A가 …하게 시키다〔놔두다〕
There's a danger of tears when you let yourself be tamed.
자신을 길들여지게 하면 눈물을 흘릴 위험이 있다.

[2] **be sure (that) + 절** …라는 것을 확신하다
Are you sure (that) I won't suffer for long?
내가 오래 아프지 않을 게 분명해?

After I worked on my plane, I came back the next evening. Next to the well, there was a stone wall. The Little Prince was sitting on it. He was talking.

"Wait for me. I'll be there tonight," he said.

Then, after a silence, he asked, "Is your poison good? Are you sure I won't suffer for long?" [2]

I stopped. My heart was beating.

Then I saw it! At the foot of the wall, a yellow snake was coiled up in front of the Little Prince. The snake heard me and quickly disappeared among the stones. I got to the wall and grabbed my Little Prince in my arms. His face was white as snow.

 여덟째 줄의 it이 가리키는 것은?
a. poison
b. a stone wall
c. a snake

정답 c

Mini-Lesson

the place where + 절: …한 곳

where가 '어디로'라는 뜻의 '의문사'로만 쓰이는 것은 아니에요. '의문'의 뜻이 없이 바로 앞에 있는 '장소'를 수식해 '…한 곳'이라는 표현을 만들어 주기도 하죠. 'the place where I was born (내가 태어난 곳)'처럼이요.

• You were returning to the place where you fell to Earth!
  네가 지구에 떨어졌던 그곳으로 돌아가는 중이었구나!
• Do you remember the place where we first met?
  우리가 처음 만났던 곳을 기억하니?

"Why are you talking to snakes?"

His heart was beating like a dying bird's.

He said to me, "I'm glad you fixed your engine's problem. Now you'll be able to fly again."

"How did you know that?" I asked, surprised. The Little Prince was right. I had found what had been the matter with my engine, but I hadn't told him yet! He didn't answer. He just said, "I'm leaving today, too."

I was holding the Little Prince in my arms like a little child.

"I have your sheep," he said. "And I have the box for it. And the muzzle ..." And he smiled sadly.

I realized how sad it would be never to hear that laugh again. For me it was like a spring of fresh water in the desert.

"Little fellow, I want to hear you laugh again."

□ dying 죽어가는
□ fix 고치다
□ yet 아직
□ hold 잡다, 쥐다, 안다

□ realize 깨닫다
□ spring 샘물
□ fresh 신선한
□ fellow 친구, 녀석

Mini-Less🌣n

긴 건 싫어요, 가주어 it!

"It is fun to walk in the rain.(비를 맞으며 걷는 건 재미있다.)" 여기서 It은 to walk in the rain을 가리킵니다. 주어가 너무 길어서 it을 대신 쓴 것이지요. 그래서 It을 '가주어'라고 하고 to walk in the rain을 '진주어'라고 해요.

• I realized how sad it would be never to hear that laugh again.
  난 그 웃음을 다시는 듣지 못한다는 것이 얼마나 슬플지를 깨달았다.
• It's not easy to memorize Chinese characters. 한자를 외우는 건 쉽지 않다.

"Little fellow... Your conversation with the snake...
It's all a bad dream, isn't it?"

"What is important cannot be seen," he said. "You
will not see my star because it's too small. But I have
a present for you," he laughed.

"What do you mean?"

"I'll be laughing on one of those stars. When you
look up at the night sky, it will be as if all of the stars
were laughing. You, only you, will have stars that
laugh!"

He laughed again. Then he said seriously,
"Tonight... don't come."

□ conversation 대화
□ look up at …을 올려다보다
□ seriously 심각하게
□ won't(will not) + 동사원형 …하지
  않을 것이다
□ worried 걱정되는

□ might + 동사원형 …일지도 모른다
□ bite 물다
□ get away 도망가다
□ make a sound 소리 내다
□ suffer 고통을 겪다
□ dead 죽은

1 **as if** 마치 …인 것처럼
When you look up at the night sky, it will be as if all of the stars
were laughing. 밤하늘을 올려다보면, 마치 모든 별이 웃고 있는 것처럼 보일 거야.

2 **catch up with** …을 따라잡다
When I caught up with him, he was walking quickly.
내가 따라가 보니 그는 빨리 걸어가고 있었다.

He said to me, "Tonight, it will be one year since I fell to Earth. My star will be just above the place where I fell."

"I won't leave you."

"It'll look a little as if I'm dying. Don't come to see that."

"I won't leave you."

"I'm worried the snake might bite you too," he said.

That night he got away without making a sound. When I caught up with him, he was walking [2] quickly. "You were wrong to come. You'll suffer. I'll look as if I'm dead, and it won't be true."

I said nothing.

Mini-Less☀n

꼭 집어서 말할 수 없을 땐 what을 쓰세요!

'The watch that I have'는 '내가 가진 시계', 'the ring that I have'는 '내가 가진 반지'예요. 'the thing that I have'는? 뭉뚱그려 '내가 가진 것'이 되죠. 여기서 'the thing that(…한 것)'은 관계대명사 what이라고 부르기로 약속을 했습니다. 'what = …한 것' 이렇게 외워 두세요.

• What is important cannot be seen. 중요한 것은 눈에 보이지 않아.
• I can't believe what you are saying. 네가 말하는 것을 믿을 수가 없어.

"It'll be nice, you know," he said, laughing. "I'll be looking at the stars, too. You'll have five-hundred million little bells. And I'll have five-hundred million springs of fresh water."

And then he began crying.

"This is the place. Let me go on alone."

He sat down because he was frightened.

Then he said, "My flower... I'm responsible for her. She only has four silly thorns to defend herself against the world." [1]

□ spring 샘, 샘물
□ frightened 두려운
□ be responsible for …에 책임이 있다
□ defend 방어하다, 보호하다
□ be unable to + 동사원형 …할 수 없다
□ hesitate 망설이다

□ take a step 발걸음을 내딛다
□ flash 번쩍이는 빛
□ close to …가까이에
□ ankle 발목
□ for an instant 잠시 동안
□ still 조용한, 정지한
□ cry out 소리지르다
□ fall 쓰러지다 (fall–fell–fallen)

1 **against the world** 세상에 맞서서
She only has four silly thorns to defend herself against the world. 그녀는 세상에 맞서서 자기를 지켜 줄 것이 시시한 가시 네 개밖에 없어.

2 **any longer** 더 이상
I was unable to stand any longer.
나는 더 이상 서 있을 수가 없었다.

I sat down too, because I was unable to stand any [2] longer.

He said, "There ... That's all ..."

He hesitated a little, and stood up. He took a step.

There was a yellow flash close to his ankle. For an instant, he was still. He didn't cry out. And then he fell silently in the sand.

★ ★ ★

And now it's been six years since the Little Prince left me. I know the Little Prince returned to his planet because I didn't find his body in the morning.

At night I love listening to the stars. They sound like five-hundred million bells. [1]

But I wonder about something. When I drew that muzzle for the Little Prince's sheep, I forgot to draw the leather strap. So there is no way to fasten the muzzle to the sheep's mouth.

I often ask myself, "What has happened there on [2] his planet? Maybe the sheep has eaten the flower."

☐ return to …로 돌아가다
☐ wonder about …을 궁금히 여기다
☐ forget to + 동사원형 …할 것을 잊다
(forget–forgot–forgotten)
☐ leather strap 가죽 끈
☐ fasten 붙들어 매다

1 **sound like** …처럼 들리다
They sound like five-hundred million bells.
그것들은 5억 개의 종소리처럼 들린다.

2 **have(has) + 과거분사** 이미 …해 버렸다, …한 적이 있다(현재완료)
Maybe the sheep has eaten the flower.
아마 양이 꽃을 먹어버렸는지도 몰라.

At times I tell myself, "Of course not! The Little Prince puts his flower under glass, and he keeps close watch over his sheep." Then I'm happy, and the stars laugh sweetly. ★ 로마시대부터 생겨난 말인데, '반짝이는'이라는 어원을 가지고 있지요.

But at other times I ask myself, "What if he forgot to put his flower under glass? Or what if the sheep got out without making any noise, during the night?" And with these thoughts, the bells become tears!

Look up at the sky. Ask yourself, "Has the sheep eaten the flower or not?" And you'll see how everything changes ... No grown-up will ever [2] understand how this could be so important!

□ at times 때때로, 가끔
□ at other times 또 어떤 때는
□ get out 나가다
□ make a noise 소리 내다

□ during …동안
□ thought 생각
□ tears 눈물
□ grown-up 어른

1 **keep close watch over** …을 철저히 감시하다
The Little Prince puts his flower under glass, and he keeps close watch over his sheep.
어린왕자는 자기 꽃을 유리 아래 넣어두고 양을 철저히 감시해.

2 **no + 명사** 하나도 (아무도) …하지 않는
No grown-up will ever understand how this could be so important! 이것이 얼마나 중요할 수 있는지를 어떤 어른도 이해하지 못할 것이다.

Mini-Less✺n

See p.115

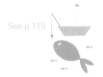

…하면 어쩌지?: What if ...?

'혹시 시험을 못 보면 어쩌지?' '아프면 어쩌지?' 하면서 걱정할 때 많죠?
이럴 때 쓰는 표현이 바로 what if예요. what if 다음에는 절이 오지요.

• What if he forgot to put his flower under glass?
어린왕자가 자기 꽃을 유리 속에 넣는 걸 잊어버리면 어쩌지?

• Or what if the sheep got out without making any noise, during the night?
또는 양이 밤중에 아무 소리도 내지 않고 나오면 어쩌지?

Epilogue

For me, this is the loveliest and the saddest landscape in the world. It's here that the Little Prince appeared on Earth, and then disappeared.

Look at this landscape carefully. And when you happen to pass by here, wait just under the star![1] Then if a child comes to you, if he laughs, if he has golden hair, if he doesn't answer your questions, you'll know who he is. Please tell me at once that[2] the Little Prince has come back.

☐ for me   나에게는
☐ lovely   아름다운
☐ landscape   경치
☐ appear   나타나다
☐ and then   그리고 나서

☐ disappear   사라지다
☐ carefully   주의해서
☐ pass by   …을 지나치다
☐ golden   황금 빛의
☐ come back   돌아오다

[1] **happen to + 동사원형** 우연히 …하다
And when you happen to pass by here, wait just under the star!
그리고 우연히 이곳을 지나치게 된다면 별 아래에서 기다리라!

[2] **at once** 즉시, 당장
Please tell me at once that the Little Prince has come back.
어린왕자가 돌아왔다고 내게 바로 알려주시길.

 Check-up Time!

● **WORDS**

의미상 가장 자연스러운 접속사를 보기에서 골라 써 넣으세요.

| since | whether | before | as if |

1 Six years have passed _____ my plane crashed.

2 The boy speaks _____ he were a grown-up.

3 I always get up _____ the sun rises.

4 _____ they are roses or lilies, flowers are beautiful.

● **STRUCTURE**

1 밑줄 친 what의 쓰임이 보기에서와 같은 문장을 고르세요.

> <u>What</u> is important cannot be seen.

a. It is different from <u>what</u> I gave you.

b. I don't remember <u>what</u> her name is.

2 밑줄 친 where의 쓰임이 보기에서와 같은 문장을 고르세요.

> You were returning to the place <u>where</u> you fell to Earth!

a. This is the house <u>where</u> I was born.

b. Can you tell me <u>where</u> he came from?

 ANSWERS

● COMPREHENSION

다음 질문에 알맞은 답을 고르세요.

1 What present did the Little Prince give the pilot?

    a. a beautiful flower and a sheep

    b. so many stars laughing in the sky

    c. a well with a singing pulley

2 Which is true about the pilot?

    a. He still misses the Little Prince.

    b. He forgot the Little Prince.

    c. He became an artist after the Little Prince left him.

● SUMMARY

빈 칸에 알맞은 말을 보기에서 골라 이야기를 완성하세요.

snake	return	smiling	forever

The pilot found that the Little Prince was planning to
_____ to his planet. He was very sad because he
would like to hear the child's laugh _____.
The Little Prince left Earth with the help of the _____.
After the Little Prince left, the pilot often looked at the sky
and felt the boy was _____ at him.

어린왕자 속의 아름다운 말들

Memorable Quotations from *The Little Prince*

In those days, I didn't understand anything. She made my life bright. I should not have run away! I should have realized that she wanted to impress me. I was too young to know how to love her.

그때는 내가 아무것도 몰랐어. 꽃은 나의 삶을 밝게 비춰주었어. 난 도망을 치지 말았어야 했는데! 내게 멋있게 보이려고 그랬다는 것을 눈치챘어야 했어! 난 너무 어려서 꽃을 어떻게 사랑해야 하는지 몰랐어.

The desert is beautiful, because it hides a well somewhere...

사막이 아름다운 건 어딘가에 샘물을 숨기고 있기 때문이야.

I'll be laughing on one of those stars.
When you look up at the night sky, it
will be as if all of the stars were laughing.

저 별들 중 하나에서 내가 웃고 있을 거야. 밤하늘을 쳐다보면, 마치 모든 별이 웃고 있는 것
처럼 보일 거야.

You see clearly only with your heart. Nothing important
can be seen with your eyes.

마음으로 보아야 분명히 보여. 정말 중요한 것은 눈에 보이지 않지.

The water was as sweet as a banquet.
Its sweetness came from our walk beneath
the stars, from the song of the pulley.

물은 연회의 음식처럼 달콤했다. 그 달콤함은 별빛 아래를
걸어온 덕분이었고, 도르래의 노래 덕분이었다.

Look up at the sky. Ask yourself, "Has the sheep eaten the
flower or not?" And you'll see how everything changes...
No grown-up will ever understand how this could be so
important!

하늘을 우러러보라. 그리고 스스로에게 물어보라. "과연 양이 꽃을 먹었을까?" 그러면
모든 것이 변하는 것을 깨닫게 될 것이다… 이것이 얼마나 중요한 일인지, 어른들은 결코
이해하지 못할 것이다!

After the Story

Reading X-File 이야기가 있는 구문 독해
Listening X-File 공개 리스닝 비밀 파일
Story in Korean 우리 글로 다시 읽기

The flower bud got bigger and bigger.

꽃봉오리가 점점 더 커졌다.

★ ★ ★

어린왕자가 가장 사랑하는 작은 꽃이 한 송이 있어요. 꽃송이가 피어나기를 애타게 기다리며 바라보던 어느 날 꽃이 피기 시작했죠. 그때의 반가운 마음을 "꽃이 점점 더 커졌다"며 표현했던 것 기억하세요? 점점 더 … 해지다를 뜻하는 get + 비교급 and 비교급이 사용됐죠? 어린왕자와 조종사가 나누는 다른 대화를 통해서 이 표현을 다시 볼까요?

Little Prince

It was getting darker and darker. So, I said good night to my flower.

날이 점점 어두워져서, 난 내 꽃에게 "잘 자"라고 인사했어.

Pilot

Oh, you were so kind to your flower.

아, 넌 네 꽃한테 정말 친절했구나.

I should have realized that she wanted to impress me.

꽃이 나를 기쁘게 하려 했다는 것을 깨달았어야 했어요.

★　★　★

자꾸만 귀찮게 하는 꽃을 두고 떠나온 어린왕자는 자신에 대한 꽃의 사랑을 뒤늦게 깨닫고 모든 것을 후회합니다. "꽃의 마음을 알았어야 했는데," "도망치지 말 걸" 하면서 말이죠. 이때 등장한 표현이 should have p.p.(…했어야 했는데), should not have p.p.(…하지 말았어야 했는데)인데요. 어린왕자와 꽃의 대화를 통해서 이 표현 다시 한번 볼까요?

Little Prince

You should have told me that you loved me.

나를 사랑한다는 말을 했어야지.

Flower

It was my fault that you didn't know it.

당신이 그걸 모른 건 내 잘못이에요.

It was then that the fox appeared.

여우가 나타난 건 바로 그때였다.

★ ★ ★

자기 장미와 똑같이 생긴 장미들이 너무 많다는 것을 발견하고 엎드려 울고 있는 어린왕자 앞에 여우가 나타났어요. 어린왕자와 여우가 만나게 되는 상황을 표현한 위 문장에 중요한 표현이 쓰였네요. …한 것은 바로 ~이다라는 뜻의 It is ~ that … 이랍니다. ~에 해당하는 내용을 강조하고 싶을 때 이 표현을 사용하죠. 어린왕자와 여우가 나누는 대화에서 이런 표현을 다시 한번 볼까요?

It is my flower that makes me happy or sad.

나를 기쁘게도 하고 슬프게도 하는 건 바로 내 꽃이야.

Little Prince

It's because she tamed you.

그건 꽃이 너를 길들였기 때문이야.

Fox

What if he forgot to put his flower under glass?

어린왕자가 꽃에 유리 덮어 주는 걸 잊어버렸으면 어쩌지?

★　★　★

사막에서 일상생활로 돌아온 조종사는 몇 년이 지난 후에도 어린왕자를 잊지 못합니다. 어린왕자는 잘 있을지, 혹시 양이 꽃을 물어 버리지는 않았을지, 모든 것이 걱정되었죠. 조종사는 그 마음을 What If ...? (…하면 어쩌지?)라는 말로 표현하고 있네요. What if는 "What (should I do) if ...", 또는 "What (will happen) if ..."를 줄인 말인데요. 조종사와 어린왕자의 대화를 통해서 이 표현 다시 한번 만나 보세요.

Pilot

Little Prince! I asked myself, what if you lost your flower.

어린왕자! 난 네가 꽃을 잃었으면 어쩌나 하고 혼자 생각했단다.

Little Prince

I'm happy here with my flower and my sheep.

난 지금 여기서 내 꽃하고 양하고 행복하게 지내고 있어요.

01 바람 빠진 코끼리는 싫어요~

코끼리의 ph는 윗니를 아랫입술 뒤쪽에 붙였다가 힘있게 [ㅎㅍ]!

코끼리가 영어로 뭐더라? [엘리횐ㅌ]? 바람이 너무 빠졌습니다. [엘리펀ㅌ]? 이것도 아닙니다. elephant의 ph는 [f] 발음으로 fast, fellow 등의 [ㅎㅍ] 소리입니다. 윗니를 아랫입술 뒤쪽에 꼭 붙였다가 갑자기 떼며 소리를 밀어내세요. [ㅎㅍ]! 바로 이 소리입니다. 본문 21쪽에서 이 소리를 확인해 보세요.

I was surprised to hear the little (①) answer, "No! No! A boa constrictor is very dangerous, and an (②) is too big."

① **fellow** 윗니를 아랫입술 뒤쪽에 대고 꼭 눌렀다가 [ㅎ펠로우] 하고 발음하세요.

② **elephant** [ㅍ]도 입술을 붙이지 말고, 윗니만 아랫입술 뒤쪽에 댔다가 강하게 [ㅎㅍ] 하세요.

02 부시맨이 아니라 부쉬맨!

sh[쉬]는 입술을 동그랗게 밀어내면서 소리내세요.

Bushman이 [부시맨]? 아닙니다. [부쉬맨]이 맞죠. sh는 [시]가 아니라 [쉬]로 발음해야 합니다. sheep, shower, English, 모두 [쉬] 발음이 들어 있네요. [쉬]를 정확하게 발음하려면 어떻게 할까요? 입술을 동그랗게 앞으로 쑥 내밀면서 [쉬~], 하고 소리내세요. 본문 28쪽을 통해서 확인해 볼까요?

I pointed out to the Little Prince that baobabs are not (①). They are trees as tall as churches. Even a whole herd of elephants couldn't (②) eating a single baobab.

① **bushes** [부시즈]가 아니라 [부쉬즈]라고 읽었죠?

② **finish** sh도 [쉬]입니다. [피니쉬]. 마지막에 입술을 쑥 내미는 것 잊지 마세요.

03 우와! 우원더풀~!

W를 발음할 때는 앞에 [우]를 한번 붙여 주세요.

winner, water, wife, wedding, wonderful, 모두 W 로 시작합니다. 한번 소리내 보세요. [위너], [워러], [와 이프], [웨딩], [원더풀]이라구요? 아니에요. 여기에다 입 술을 둥글게 쑥 내밀면서 [우] 하는 소리를 앞에 붙여 보세 요. [우위너], [우워러], [우와이프], [우웨딩]. [우원더 풀]~! 조금 울렁거리는 것 같죠? 하지만 이게 바로 멋진 W 발음입니다. 본문 32쪽을 통해 확인해 볼까요?

"One day I saw the sunset forty-four times!"
you told me. "(①   ) you're feeling very
sad, sunsets are (②   ) ..."

① **when** [웬]이 아니라, [우웬] 하고 발음하세요.

② **wonderful** [원더풀] 앞에 [우]를 붙여서 [우원더풀]이라고 발음하세요.

04 자꾸 가라앉지 마세요!

th[θ] 발음은 혀끝을 꼭 한번 물어 주세요.

I sink...

할 말이 생각나지 않아서 "아이 씽크… 아이 씽크… 음…" 하고 있는데 상대방이 물었습니다. "Are you sinking into the sea?(바다로 가라앉는다고?)" think(생각하다)와 sink(씽크: 가라앉다)의 발음을 혼동했기 때문이죠. 우리가 '번데기 발음'이라고 말하는 th[θ]는 혀끝을 윗니와 아랫니 사이에 꼭 물었다가 뱉어내면서 [ㅅㄸ] 하고 소리내야 합니다. think, something, anything 등에서 이 소리를 들을 수 있죠. 본문 37쪽에서 확인해 보세요.

"Then you (　①　) flowers ..."
"I don't think (　②　)! I'm busy here with
(　③　) serious!" I cried.

① **think** [씽크]가 아니라 혀를 꼭 물었다가 [ㅅ띵크]

② **anything** [애니씽]이 아니라 [애니ㅅ띵]이에요.

③ **something** [썸씽]이 아니죠? 혀를 물고 [썸ㅅ띵] 하고 발음하세요.

헌정사

p.14~15 레옹 베르뜨에게.

어린이들이여, 용서해 주기를! 나는 이 책을 어른에게 헌정했다. 하지만 거기에는 큰 이유가 있다. 이 어른이야말로 나의 가장 절친한 친구이기 때문이다. 또 한 가지 이유가 있다. 이 어른은 아이들 책은 물론 무엇이든지 이해해 줄 사람이기 때문이다. 세 번째 이유도 있다. 내 친구는 프랑스에서 살고 있는데, 굶주림과 추위에 떨고 있다. 그에게는 기운을 북돋아 줄 것이 필요하다.

내가 든 이유들을 납득할 수 있는지? 그렇지 않다면 헌정사를 다시 쓰겠다. 이제는 어른이 되어 버린 이 친구의 어린 시절 그 아이에게 이 책을 바친다. 모든 어른들은 한때 어린이였으니까(하지만 기억하는 사람은 별로 없다). 그러므로, 헌정사를 이렇게 고치겠다.

어린아이였을 때의 레옹 베르뜨에게.

1장 | 작은 별에서 온 아이

p.16~17 여섯 살 때, 나는 밀림에 대한 책에서 엄청난 그림을 하나 보았다. 거대한 동물을 삼키고 있는 보아뱀 그림이었다. 이것이 그 그림을 베낀 것이다.

그 당시, 나는 정글 모험에 대해서 많은 생각을 했다. 그래서 첫 번째 그림을 그렸다. 내가 그린 그림 제1호는 이렇다.

나는 어른들에게 내 그림이 무섭냐고 물었다.

어른들은 대답했다. "모자가 뭐가 무섭니?"

내가 그린 것은 모자 그림이 아니었다. 코끼리를 소화시키고 있는 보아뱀 그림이었다. 그래서 나는 어른들을 위해 보아뱀의 속 모양을 그렸다. 나의 제2호 그림은 이렇다.

p.18~19 어른들은 나에게 그런 그림들은 치워 버리라고 했다. 지리나 역사, 산수, 문법 따위를 공부하라고 했다. 그게 바로 내가 여섯 살 때 화가가 된다는 멋진 꿈을 포

기한 이유였다. 그래서, 난 대신 비행기 조종하는 법을 배웠다.

나는 거의 세계 방방곡곡을 비행했다. 그리고 지리 공부를 했던 것이 크게 도움이 되었다.

나는 항상 제1호 그림을 가지고 다녔다. 그 그림을 보여줄 때마다 어른들은 항상 이렇게 말하곤 했다. "모자로군." 그러면 나는 보아뱀이나 정글 이야기는 하지 않았다. 그 대신 골프나 넥타이 같은 어른들의 이야기를 하곤 했다.

그래서 난 말할 상대 하나 없이 혼자 살았다. 하지만 6년 전 사하라 사막에 불시착하게 되었을 때 나는 누군가를 만났다. 나는 비행기 엔진을 수리해야 했고 마실 물도 8일 치밖에 없었다.

`p.20~21` 첫날 밤, 나는 사람이 사는 곳에서 천 마일이나 떨어진 사막에서 혼자 잠을 잤다. 다음날 아침, 누군가 기묘하고 어린 소리로 이렇게 말하는 것을 듣고 잠이 깼다. "저어… 양을 그려 줘…"

"뭐라고?"

"양을 그려 줘…"

나는 벌떡 일어나 눈을 크게 뜨고 그 어린 소년을 쳐다보았다. 아이는 겁을 먹거나 길을 잃은 것 같지도 않고, 목이 말라 죽을 거 같지도 않았다. 그는 또 다시 말했다. "양을 그려 줘…"

나는 양을 그려 본 적이 없었기 때문에, 겉에서 본 보아뱀을 그려 주었다.

그리고 어린 아이의 대답에 나는 놀라고 말았다. "아니야! 아니야! 보아뱀은 위험하고 코끼리는 너무 커. 내가 사는 별에서는 모든 게 다 작아. 양을 그려 줘."

`p.22~23` 그래서 난 그림을 다시 그렸다. 아이는 찬찬히 들여다보더니 입을 열었다. "아니야, 이 양은 병이 든 것 같아. 다른 양을 그려 줘."

나는 또 다시 그림을 그렸다. 꼬마 친구는 웃음을 지었다.

"이건 양이 아니야. 숫양이지. 뿔이 나 있잖아…"

그래서 나는 세 번째 그림을 그렸다. 하지만 꼬마 친구는 역시 마음에 들지 않아 했다. "이 양은 너무 늙었어. 난 오래오래 살 수 있는 양을 원해."

나는 비행기 엔진을 수리하고 싶었고, 그래서 빨리 그림 하나를 그려 주었다.

"이건 상자야. 네가 원하는 양은 그 안에 있어." 하고 나는 말했다.

꼬마 친구의 얼굴이 환하게 밝아지는 것을 보고 나는 놀라지 않을 수 없었다.

"바로 내가 원하던 거야! 이 양이 풀을 많이 뜯을 것 같아? 있잖아, 내가 살고 있는 별에서는 모든 게 다 작아."

"풀은 충분할 거야. 내가 조그만 양을 그려 주었으니까."

"그렇게 작지는 않은데… 봐! 잠이 들었어…"

나는 그렇게 어린왕자를 만났다.

p.24~25 조금씩 조금씩, 나는 어린왕자에 대해 알게 되었다. 내 비행기를 처음 보고 그는 이렇게 물었다.

"저기 저게 뭐야?"

"내 비행기야."

나는 하늘을 날 수 있다고 자랑스럽게 말했다.

그는 놀라워했다. "하늘에서 떨어진 거야? 어느 별에서 왔어?"

그 물음이 힌트가 되었다. "다른 별에서 왔니?" 하고 나는 물었다.

하지만 그는 대답하지 않았다. 마치 소중한 보물이라도 되는 것처럼 내가 그려 준 양을 들여다볼 따름이었다.

잠시 입을 다물고 있다가, 그는 대답했다. "밤이 되면 양이 상자를 집으로 삼을 수 있겠네."

"물론이지, 그리고 낮 동안 묶어놓을 밧줄을 줄게."

어린왕자는 그 말에 충격을 받은 것 같았다.

"양이 어디를 가겠어?" 그가 물었다.

"어디든지. 똑바로 앞으로 갈 수도 있고…"

그러자 어린왕자는 자신 있게 말했다. "그건 문제가 안 돼. 내가 사는 별에서는 모든 것이 조그마하니까!"

p.26~27 그의 별은 집 한 채보다 겨우 조금 더 컸다. 나는 그 아이가 소행성 B-612에서 왔다고 생각한다. 이 소행성은 1909년에 터키인 천문학자에 의해 한 번 관측된 적이 있었다.

그 천문학자는 자신이 발견한 것을 다른 천문학자들에게 알렸다. 하지만 그가 터키 옷을 입고 있었기 때문에 아무도 그의 말을 믿지 않았다. 어른들이란 다 그런 식이다.

그 천문학자는 1920년에 그 소행성을 다시 소개했다. 이번에는 근사한 유럽식 양복을 입고 나갔다. 그랬더니 모두 그의 말을 믿어 주었다.

`p.28~29` 매일매일 나는 어린왕자의 별에 대해 조금씩 알아갔다. 사흘째 되는 날에는 바오밥나무에 대해서 알게 되었다.

어린왕자가 문득 이렇게 물었다. "양이 작은 나무들을 먹어치운다는 게 정말이야?"

"그래, 사실이지."

"아, 정말 다행이다."

그리고 어린왕자는 이렇게 덧붙였다.

"그러면 바오밥나무도 먹겠네?"

나는 바오밥나무가 작은 나무가 아니라는 사실을 어린왕자에게 일깨워 주었다. 바오밥나무는 교회 건물만큼이나 커다란 나무이다. 코끼리 한 떼가 모여도 그 나무 한 그루를 다 먹어치울 수 없다.

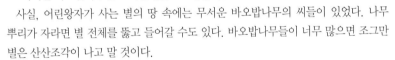

어린왕자는 웃더니 이렇게 영리한 말을 했다.

"하지만 바오밥나무들도 처음에는 조그맣잖아."

사실, 어린왕자가 사는 별의 땅 속에는 무서운 바오밥나무의 씨들이 있었다. 나무 뿌리가 자라면 별 전체를 뚫고 들어갈 수도 있다. 바오밥나무들이 너무 많으면 조그만 별은 산산조각이 나고 말 것이다.

`p.30~31` "아저씨네 별을 잘 돌봐." 어린왕자가 내게 말했다. "매일 아침 세수하고 옷을 입어. 그런 다음 바오밥나무들을 찾아 보는 거야. 바오밥나무는 어릴 때는 장미 덤불처럼 보여. 하지만 그 나무들을 구분할 수 있게 되면 바로 뽑아 버려야 해.

어느 날, 어린왕자는 아름다운 그림을 그려달라고 했다. 나는 바오밥나무들이 있는 별을 그려 주었다. 그 그림이 매우 중요하다는 것을 알고 있었기 때문에 매우 크게 그렸다.

`p.32~33` 아, 어린왕자여! 서서히, 아주 서서히, 나는 어린왕자의 슬픈 삶을 알게 되었다. 나흘째 되는 날 아침, 어린왕자가 내게 말했다.

"난 해 지는 모습이 좋아. 해 지는 걸 보러 가."

"하지만 기다려야 해." 하고 내가 말했다.

그러자 그는 웃더니 내게 말했다. "아직도 집에 있는 걸로 착각했어!"

사실이었다. 어린왕자의 조그만 별에서는, 원한다면 언제든지 해 지는 모습을 볼 수

있었다. 의자를 뒤로 조금만 물리면 되니까.

"어떤 날은 해 지는 광경을 마흔네 번이나 보았어." 어린왕자는 말했다. "슬플 때는 해가 지는 모습을 보는 게 좋아."

"마흔네 번이나 보았던 날은 무척이나 슬펐니?" 나는 물었다. 하지만 어린왕자는 대답하지 않았다.

2장 | 어린왕자의 도도하고 예쁜 꽃

`p.36~37` 닷새째 되는 날, 나는 어린왕자의 삶에 숨겨져 있던 또 하나의 비밀을 알게 되었다. 갑자기, 어린왕자가 이렇게 물었다.

"양이 작은 나무들을 먹는다면, 꽃도 먹어치울까?"

"양은 뭐든지 닥치는 대로 먹어치우지." 내가 대답했다.

"가시가 있는 꽃들까지?"

"그럼. 가시가 있어도 말이야."

"그렇다면 가시가 무슨 쓸모가 있어?"

내가 어떻게 알겠는가. 그 순간 나는 비행기 엔진을 수리하느라 정신이 없었다. 마실 물이 얼마 남지 않았으므로, 이대로 죽을지도 모른다는 두려운 생각이 들었다. 그래서 나는 아무 생각도 없이 대답해 버렸다.

"가시는 아무 쓸모가 없어. 못되게 굴려고 가시를 이용하는 거야!"

어린왕자는 화가 난 것 같았다.

"이해할 수 없어! 꽃들은 힘이 없어. 꽃들은 자신감이 필요하단 말야. 무섭게 보이려고 가시가 필요한 거야."

나는 대답하지 않았다. "망치 가져다 엔진을 고쳐야 겠는걸." 하고 생각하는 중이었다. 하지만 어린왕자가 또다시 생각을 방해했다.

"그렇게 생각하는 거야? 꽃들이…"

"난 아무 생각도 안 해! 지금 중요한 일을 하는 중이란 말야!" 나는 소리를 질렀다.

p.38~39 "다른 어른들하고 똑같은 말을 하잖아! 뭐가 중요하고 뭐가 그렇지 않은지 모르잖아!"

그러더니 어린왕자는 얼굴이 발갛게 달아올랐다. "꽃을 좋아하는 소년이 있다고 생각해 봐. 많고 많은 별들 가운데에서도 오직 하나밖에 없는 그런 꽃이 있다고 생각해 봐. 별들을 바라볼 때마다 소년은 행복하다는 생각을 할 거야. 그런데 양이 꽃을 먹는다고 생각해 봐. 소년은 하늘의 모든 별이 온통 사라진 것처럼 느껴질 거야. 그런데 그게 중요하지 않아?"

그는 갑자기 울음을 터뜨렸다. 나는 그를 품에 안았다. 그리고 말했다. "네가 좋아하는 꽃은 위험하지 않을 거야. 네 꽃을 위해 내가 울타리를 그려 줄게… 내가…"

나는 그 꽃에 대해 좀 더 알게 되었다. 어린왕자의 별에서 자라는 꽃들은 조그맣고 보잘것이 없었다. 하지만 어린왕자의 꽃은 다른 별에서 온 꽃씨에서 자라난 꽃이었다. 어린왕자는 그 꽃을 자세히 들여다보았다. 새로운 꽃송이를 볼 수 있을 것 같았다.

꽃송이는 점점 크게 자랐다. 어린왕자는 꽃이 곧 피어날 것이라고 생각했다. 정말 아름다운 꽃이 모습을 드러낼 것이라고.

p.40~41 하지만 꽃은 쉽게 꽃망울을 열지 않았다. 꽃은 봉우리 속에 숨어 아름다워지려고 애를 쓰고 있었다. 색깔도 세심하게 골랐다.

그러던 어느 날 아침, 바로 해가 떠오를 무렵, 꽃이 피었다. 꽃은 하품을 하며 말했다. "아, 용서해 주세요. 아직 모습이 엉망이에요."

하지만 어린왕자는 꽃을 보며 감탄했다. "정말 예쁘구나!" 하고 그는 말했다.

"그렇죠?" 꽃이 사랑스럽게 대답했다. "아침 먹을 시간이에요." 꽃이 덧붙였다. "저어, 물을 좀 주시겠어요?"

어린왕자는 꽃에게 물을 주었다.

하지만 얼마 되지 않아 꽃의 자만심이 어린왕자를 귀찮게 했다. 예를 들어, 어느 날엔가는 꽃이 네 개의 자기 가시에 대해 말을 했다.

"사나운 발톱이 있는 호랑이도 무섭지 않아요. 하지만 추위와 바람은 무서워요. 혹시 바람막이가 있나요? 밤이 되면 유리 덮개를 씌워 주세요. 당신이 사는 이 별은 무척

추워요. 내가 살던 곳은…"

하지만 꽃은 갑자기 입을 다물었다. 꽃은 씨앗으로 이 세상에 왔다. 다른 세상에 대해 알 리가 없었다.

스스로 어리석은 거짓말을 해 놓고 꽃은 당황스러웠다. 꽃은 춥다는 것을 보여주려는 듯 두세 번 기침을 했다.

"바람막이 있어요?" 꽃이 다시 물었다.

"바람막이를 찾으러 가려는 중이었는데. 나한테 말을 시켰잖아요!"

p.42~43 그래서, 어린왕자는 의심을 품기 시작했다. 꽃이 하는 소리 중에는 엉터리 소리가 있었는데, 그것을 다 진지하게 받아들였던 것이다.

하지만 그때 어린왕자는 내게 이렇게 말했다. "그 당시에는 내가 아무것도 이해하지 못했어. 꽃은 나의 별을 향기롭게 해 주었어. 그리고 나의 삶을 밝게 비춰 주었다고. 난 도망을 치지 말았어야 했는데! 내게 멋있게 보이려고 그랬을 따름이라는 걸 눈치챘어야 했단 말야! 난 너무 어려서 꽃을 어떻게 사랑해야 하는지 몰랐어."

별에서 탈출하기 위해 어린왕자는 새로운 땅을 찾아가는 야생 새들의 무리를 따라 날아간 것 같았다. 떠나기로 마음먹은 날 아침, 어린왕자는 작은 화산 세 개를 깨끗이 청소했다. 어린왕자는 아침을 데울 때 그 화산을 이용하곤 했다. 어린왕자는 마지막

남은 바오밥나무도 뽑아 주었다. 마지막으로 꽃에 물을 줄 때는 울음이 터질 것만 같았다.

"잘 있어." 어린왕자는 꽃에게 말했다. 하지만 꽃은 대답하지 않았다.

"잘 있어." 어린왕자는 다시 말했다. 꽃은 기침을 했다. 하지만 정말 감기가 든 것은 아니었다.

p.44~45 "제가 어리석었어요." 마침내 꽃이 입을 열었다. "용서해 주세요. 그리고 행복해지려고 노력해 보세요."

어린왕자는 꽃의 유리 덮개를 손에 든 채로 그 자리에 우두커니 서 있었다. 차분하고 다정해진 꽃을 이해할 수 없었다.

"물론 난 당신을 좋아해요." 꽃이 말했다. "당신이 그걸 몰랐다면 내 책임이에요. 유리 덮개는 그냥 두세요. 이제 그런 거 필요없어요." 꽃은 그렇게 명령조로 말했다.

"내 자신은 내가 지킬 수 있어요."

그러고 나서 꽃이 덧붙였다. "떠나기로 마음먹었으니까, 이제 가세요."

꽃은 어린왕자가 볼 수 없게 눈물을 감추었다. 그만큼이나 자부심이 강했던 것이다.

3장 │ 다른 별로 떠난 어린왕자

p.48~49 어린왕자의 별은 소행성 325, 326, 327, 328, 329, 330과 그리 멀지 않았다. 그래서 어린왕자는 그 소행성들을 먼저 방문했다.

첫 번째 별에는 왕이 살고 있었다. 왕은 별 전체를 덮는 하얀 모피 코트를 걸치고 있었다. 어린왕자는 앉을 곳을 찾을 수 없었다. 피곤해서 하품이 나왔다.

"짐이 네게 하품을 금하노라." 왕이 말했다.

"나도 어쩔 수가 없어요." 어린왕자가 말했다. "오랫동안 여행을 했어요. 그리고 잠도 제대로 못 잤어요."

"그럼 하품을 명령하노라." 왕이 말했다.

"폐하, 질문이 있는데요…" 어린왕자가 물었다. "폐하는 무엇을 통치하시나요?"

"나는 모든 것을 통치한다." 왕이 어린왕자에게 말했다. 왕은 별들을 가리켜 보였다.

어린왕자는 해가 지도록 명령을 내려달라고 부탁했다.

"명령을 내리겠다. 하지만 언제가 좋은지 과학이 알려줄 거야."

p.50~51 왕은 달력을 들여다보았다. "그래, 그래! 대략… 대략 오늘 밤 7시 40분쯤이면 적당하겠군!"

어린왕자는 해가 지는 모습을 볼 수 없다는 것을 눈치챘다. 그는 지루해졌다.

"저는 이제 갈래요." 어린왕자가 왕에게 말했다.

"가지 말아라!" 왕이 대답했다. "장관을 시켜 주마!"

"무슨 장관이요?"

"음… 법무부 장관이다!"

"하지만 여긴 재판할 사람이 없잖아요!" 어린왕자는 발길을 돌리면서 말했다.

"기다려라! 대사를 시켜 주겠노라." 왕이 그의 뒤에다 대고 급하게 소리쳤다.

"어른들은 정말 이상해." 어린왕자는 혼잣말을 하면서 여행을 계속했다.

두 번째 별에는 매우 젠체하는 사나이가 살고 있었다.

"안녕하세요." 어린왕자가 인사했다. "우스꽝스런 모자를 쓰고 계시네요."

"사람들의 칭찬을 듣기 위해서지." 젠체하는 사내가 대답했다.

"하지만 애석하게도, 여긴 다른 사람이 아무도 없어."

어린왕자는 젠체하는 사나이를 이해할 수가 없었다.

"손뼉을 쳐 봐라." 사내가 말했다.

어린왕자는 손뼉을 쳤고, 젠체하는 사내는 인사를 하며 모자를 살짝 들어 보였다. 어린왕자는 다시 손뼉을 쳤다. 그리고 젠체하는 사내는 다시 인사를 하며 모자를 들어 보였다.

5분이 지나자 어린왕자는 재미가 없어졌다.

`p.52~53` "너는 내게 정말로 감탄하느냐?" 사내가 어린왕자에게 물었다.

"감탄한다는 게 무슨 뜻이죠?"

"감탄한다는 것은 내가 이 별에서 가장 멋있고, 가장 옷을 잘 입고, 그리고 가장 똑똑한 사람이라고 생각한다는 뜻이지."

"하지만 이 별에는 당신밖에 없잖아요!" 어린왕자가 말했다.

"어쨌든 감탄해라."

"감탄스러워요." 어린왕자가 말했다. "어른들은 정말 정말 이상해." 그는 혼잣말로 중얼거리며 여행을 계속했다.

`p.54~55` 그 다음 별에는 주정뱅이가 살고 있었다.

"거기서 뭐하세요?" 어린왕자가 주정뱅이에게 물었다.

"술을 마시지." 주정뱅이가 대답했다.

"무엇 때문에 술을 마셔요?" 어린왕자가 물었다.

"부끄러운 걸 잊으려고." 주정뱅이가 말했다.

"뭐가 부끄러운데요?" 어린왕자가 물었다.

"술 마시는 게!" 하고 주정뱅이는 말했다.

"어른들은 진짜 이상해." 어린왕자는 혼자 중얼거렸다. 그러고는 여행을 계속했다.

네 번째 별에는 비즈니스맨이 살고 있었다. 그는 계산을 하고 있었다.

"휴! 그러면 모두 5억 162만 2731이 되는군."

"5억하고 얼마라고요?" 어린왕자가 물었다.

비즈니스맨이 고개를 들었다.

"나는 이 별에서 44년째 살고 있어. 그 동안 방해를 받은 건 딱 세 번이었지. 첫 번째는 거위가 내 책상 위에 떨어졌을 때였어. 두 번째는, 신경통 때문이었지. 운동을 할 시간이 없으니까."

p.56~57 "세 번째는 바로 지금이야! 어디까지 했더라? 5억하고 백만…"

"5억 뭐라고요?"

"게으른 인간들을 꿈 꾸게 만드는것이지. 나는 바쁜 사람이라서, 꿈 꿀 시간도 없어."

"아, 별 말이에요?"

"그래, 맞아, 별들이지."

"별을 가지고 무얼 하세요?"

"아무것도 안 해. 난 별을 소유해."

"하지만 별들은 누구 것도 아니에요."

"별들은 내 거야. 별을 가질 생각을 내가 처음으로 했으니까."

"그러면 별을 가지고 무엇을 하시는데요?"

"세고 또 세는 거지." 비즈니스맨이 말했다.

"그게 다예요?"

"그거면 충분하지!"

'참 우스운 소리네.' 하고 어린왕자는 생각했다.

"전 꽃을 가지고 있어요. 매일 물을 주죠. 전 꽃한테 쓸모 있는 사람이에요. 하지만 아저씨는 별들에게 별 쓸모가 없잖아요."

비즈니스맨은 입을 다물었다.

"어른들은 정말로 이상한 사람들이야." 어린왕자는 혼잣말을 하며 여행을 계속했다.

p.58~59 다섯 번째 별은 가장 작은 별이었다. 가로등 하나와 가로등 관리인 한 명이 간신히 서 있을 정도였다. 어린왕자는 가로등 관리인에게 인사를 했다.

"안녕히 주무셨어요? 방금 왜 가로등을 끄셨어요? "

"명령이라서." 가로등 관리인이 대답했다. "잘 잤니?"

"무슨 명령이오?"

"가로등을 끄라는 명령이지. 잘 자라." 그리고 관리인은 다시 가로등을 껐다.

"그런데 왜 또 가로등을 다시 켜셨어요?"

"이 별에서는 1분이 하루야. 그래서 1분마다 한 번씩 가로등을 켜고 끄는 거란다! 명령이지."

p.60~61 "하지만 여기서는 세 걸음이면 별을 한 바퀴 돌 수 있잖아요." 어린왕자가 말했다. "천천히 걸으면 항상 해가 떠 있을 거예요. 그러면 가로등을 켤 필요가 없잖아요."

"그렇지만 그건 도움이 안 돼." 가로등 관리인이 말했다. "정말 눈을 좀 붙이고 싶어."

"그렇다면 참 불행한 분이군요." 어린왕자가 말했다. 가로등 관리인이 안됐다는 생각을 하면서 어린왕자는 그 별을 떠났다.

여섯 번째 별은 그 전 것보다 열 배나 컸다. 그 별에서는 한 노신사가 커다란 책을 쓰고 있었다.

"탐험가가 오는군!" 노신사는 혼자 중얼거렸다.

"그 큰 책은 뭐예요?" 어린왕자가 물었다.

"난 지리학자다." 노신사가 대답했다.

"나는 바다와 강, 도시, 산, 사막을 연구한다."

"이 별에 바다나 산이 있어요? 사막은요?" 어린왕자가 물었다.

"나도 모른다." 지리학자가 말했다. "나는 지리학자이지, 탐험가가 아니야. 나는 여행을 다니지 않지. 나는 탐험가들의 이야기를 듣고 그들이 기억하고 있는 것을 글로 옮겨 적을 따름이야."

p.62~63 지리학자가 말했다. "하지만 넌 탐험가지! 내게 너의 별 이야기를 들려다오."

어린왕자가 대답했다. "별은 아주 작아요. 화산이 세 개 있고 꽃이 하나 있어요."

"우리는 꽃은 기록하지 않는다. 허망한 존재들이니까."

"허망하다는 게 무슨 뜻이에요?"

"'곧 없어진다'라는 뜻이지."

"제 꽃도 곧 없어지게 되나요?"

"물론이지."

어린왕자는 꽃을 떠나온 것이 후회되었지만, 여행은 계속하고 싶었다.

"어떤 별을 찾아가 보면 좋을까요?" 어린왕자는 물었다.

"지구에 가 봐라." 지리학자가 대답했다.

그리고 어린왕자는 자신의 꽃을 생각하면서 길을 떠났다.

p.64~65 일곱 번째 별은 지구였다.

지구는 그저 또 하나의 별이 아니었다! 지구에는 111명의 왕이 있었고, 7000명의 지리학자, 9십만 명의 비즈니스맨, 750만 명의 주정뱅이, 그리고 3억 1100만 명의 젠체하는 사람들이 살고 있었다. 모두 합해 무려 20억의 어른들이 살고 있는 별이었다.

전깃불이 발명되기 전에는, 지구에도 역시 46만 2511명의 가로등 관리인이 필요했다.

멀리서 보면 가로등 불빛은 아름다웠다. 그것을 보고 있으면 마치 발레를 보는 것 같았다.

우선, 뉴질랜드와 오스트레일리아에서 가로등 관리인들이 불을 켠다. 그러고 나서 그들이 잠을 자러 가면 중국과 시베리아의 가로등 관리인들이 자기가 맡은 춤을 추었다. 그들의 역할이 끝나면 러시아와 인도의 가로등 관리인 차례였다. 그 다음은 남아메리카와 북아메리카의 가로등 관리인 차례였다. 모든 가로등 관리인들이 정확하게 정해진 시간에 발레에 등장했다. 그것은 정말 멋졌다!

4장 | 지구에 온 어린왕자

p.70~71 지구에 도착했을 때, 어린왕자는 별을 잘못 찾아온 줄 알았다. 사람들이 하나도 보이지 않았기 때문이다. 하지만 그때 모래 속에서 무언가가 보였다. 황금빛 밧줄처럼 생긴 것이었다.

"안녕." 어린왕자가 말했다.

"안녕." 뱀이 말했다.

"여기가 무슨 별이야?" 어린왕자는 물었다.

"지구야. 아프리카지." 뱀이 대답했다.

"그런데 지구에는 사람이 하나도 없어?"

"여긴 사막이야." 뱀이 말했다.

"저기 봐!" 어린왕자가 손가락으로 가리키며 말했다. "저기가 내 별이야. 정말 먼 곳이지!"

"아름다운 별이네." 뱀은 말했다. "지구에는 왜 왔는데?"

p.72~73 "꽃하고 사이가 좀 안 좋아서." 어린왕자가 말했다.

그리고 어린왕자는 물었다. "사람들은 어디에 있니? 사막은 좀 쓸쓸 하네."

그런 다음 어린왕자는 뱀을 바라보며 말했다. "넌 손가락 굵기 정도밖에 안 되는구나."

"하지만 왕의 손가락보다도 더 힘이 세지." 뱀이 말했다. 뱀은 어린왕자의 발목을 칭칭 감으며 덧붙였다. "난 누구든 내가 원하는 곳으로 보낼 수가 있어."

어린왕자는 대답하지 않았다.

"언젠가, 고향이 그리워지면 네 별로 돌아갈 수 있게 도와줄게." 뱀이 말했다.

어린왕자는 사막의 꽃 한 송이를 만났다. 꽃잎이 세 장뿐인, 별 보잘것없는 꽃이었다.

"사람들은 모두 다 어디 간 거죠?" 어린왕자가 꽃에게 공손하게 물었다. 꽃은 대상들이 지나가는 것을 한 번 본 적밖에 없었다.

"세상에는 사람들이 여섯 내지 일곱 명쯤 있어요. 바람에 날라가죠. 사람들은 꽃처럼 뿌리가 있는 게 아니어서, 살기가 어려운가 봐요."

"잘 있어요." 어린왕자가 말했다.

"잘 가세요." 꽃이 말했다.

p.74~75 어린왕자는 이번에는 높은 산에 다다랐다.

"산 꼭대기에서는 이 별에 사는 사람들이 전부 다 보이겠지." 그는 혼자서 중얼거렸다.

하지만 산 꼭대기에서는 바위투성이 산봉우리들밖에 보이지 않았다.

"안녕." 하고 어린왕자가 말했다. "안녕… 안녕… 안녕…" 메아리가 대답했다.

"누구세요?" 어린왕자가 물었다.

"누구세요… 누구세요… 누구세요…" 메아리가 대답했다.

"우리 친구가 되자. 난 쓸쓸하거든." 어린왕자가 말했다.

"난 쓸쓸하거든… 난 쓸쓸하거든… 난 쓸쓸하거든…" 메아리가 대답했다.

"정말 이상한 별이야!" 하고 어린왕자는 생각했다.

p.76~77 어린왕자는 모래와 바위와 눈을 지나 한참동안 걸어갔다. 드디어 길이 나타났다. 길을 쭉 따라가다가 어린왕자는 장미꽃밭을 발견했다.

"안녕." 그가 말했다.

"안녕하세요." 장미들이 말했다. 장미꽃들은 모두 어린왕자의 꽃과 비슷하게 생겼다.

"너희들은 누구니?" 어린왕자는 놀라서 물었다.

"우린 장미꽃이에요." 꽃들이 대답했다.

어린왕자는 자신의 꽃이 무척 안됐다는 생각이 들었다. 그 꽃은 자기가 이 세상의 어느 꽃과도 같지 않다고 했었다. 하지만 이 꽃밭에는 오천 송이의 꽃이 있고, 그들 모두가 어린왕자의 꽃과 똑같았다!

"내 꽃이 이것을 보면 정말 좌절할 거야." 어린왕자는 혼자 중얼거렸다.

"난 아주 특별한 꽃이 한 송이 있어서 내가 부자라고 생각했는데, 내가 가진 건 고작 평범한 장미꽃 한 송이였어." 어린왕자는 풀밭에 엎드려 울음을 터뜨렸다.

p.78~79 여우가 나타난 것은 바로 그때였다.

"안녕." 여우가 말했다.

"안녕." 어린왕자는 예의 바르게 대답했다.

"넌 누구니? 참 예쁘게 생겼네."

"난 여우야." 하고 여우가 말했다.

"이리 와서 나랑 놀자. 난 너무 슬퍼." 어린왕자가 제안했다.

"너하고 놀 수 없어." 여우는 말했다. "아직 길들여지지 않았거든."

"'길이 든다'라는 게 무슨 말이야?" 어린왕자는 물었다.

"그건 말야, '서로 관계를 튼다'는 말이야. 설명해 줄게. 나한테는, 네가 다른 모든 아이들과 같은 그저 한 소년에 불과해. 네가 보기에는, 나 역시 모든 다른 여우들과 똑같은 여우야. 하지만 네가 날 길들이면, 우린 서로 필요하게 되지. 너는 내게 이 세상에서 하나밖에 없는 소년이 되고, 나 또한 너한테 세상에서 단 하나뿐인 여우가 되는 거야."

"무슨 말인지 알겠어." 어린왕자가 말했다. "꽃이 한 송이 있어. 그 꽃이 날 길들였나 봐."

"어쩌면 그럴지도 몰라." 여우가 말했다.

그러더니 여우는 덧붙였다. "나는 닭을 사냥하고 사람들은 날 사냥해. 닭들은 다 똑같고, 사람들도 다 똑같아. 지루하기 짝이 없지! 하지만 네가 날 길들이면, 내 삶은 환한 빛으로 가득 찰 거야. 태양은 밀밭을 너의 머리칼 같은 황금색으로 물들이겠지. 밀을 볼 때마다, 난 네가 생각날 거야."

p.80~81 "날 길들여 줘!" 여우가 말했다.

"어떻게 하면 되는데?" 어린왕자가 물었다.

"인내심이 상당히 필요해." 여우가 대답했다. "처음에는 내 옆에서 좀 떨어져 있어. 그 다음, 매일매일 조금씩 더 가까이 다가 앉는 거야. 아무 말도 하면 안 돼. 말은 오해를 낳게 되니까. 그리고 매일 똑같은 시간에 찾아와. 그래야 마음 속으로 너를 맞을 준비를 하게 될 테니까."

어린왕자는 여우를 길들였다. 하지만 어느새 떠날 때가 되었다.

"아!" 여우가 말했다. "울고 말 거야."

"네 마음을 아프게 하고 싶진 않았어. 하지만 네가 길들여달라고 했잖아." 어린왕자는 말했다.

"그래, 물론이지. 길들여졌기 때문에 밀밭의 황금 빛을 느낄 수 있게 되었어. 이제 가서 장미꽃들을 다시 봐. 너의 장미꽃이 세상에 단 하나뿐임을 알게 될 거야. 그런 다음에 작별 인사를 하러 와. 비밀을 하나 알려 줄 게 있어."

p.82~83 어린왕자는 장미꽃을 다시 보러 갔다.

"너희들은 아름답지만, 의미가 없어." 어린왕자가 꽃들에게 말했다. "내 장미꽃이 너희들 모두를 합한 것보다 더 소중해. 내가 물을 준 장미꽃이기 때문이야. 투덜거릴 때 내가 귀를 기울여 준 장미꽃이기 때문이지. 바로 내 장미꽃이기 때문이야."

그리고 어린왕자는 여우한테 다시 돌아갔다.

"잘 있어." 어린왕자가 말했다.

"잘 가." 여우가 말했다. "내 비밀은 바로 이거야. 마음으로 보아야 분명히 보여. 정말 중요한 것은 눈에 보이지 않지." 그리고는 여우가 덧붙였다. "장미꽃에 시간을 할애했으니까, 너는 그 장미꽃에 책임이 있어."

"안녕하세요." 어린왕자가 말했다.

"안녕." 선로 교환수가 말했다.

환하게 불을 밝힌 특급 열차가 굉음을 울리며 지나가자 교환수의 조그만 막사가 덜컹거렸다.

"차에 탄 사람들은 무얼 찾아가는 거죠?" 어린왕자가 물었다.

"아무도 모르지." 선로 교환수가 대답했다.

"자기가 살던 곳에 만족하지 못했을까요?" 어린왕자가 물었다.

p.84~85 "자기가 사는 곳에 만족하는 사람은 아무도 없단다." 선로 교환수는 말했다.

그때 또 다른 기차 하나가 요란하게 지나갔다.

"이 사람들은 아까 지나간 여행자들을 쫓아가고 있는 건가요?" 어린왕자가 물었다.

"쫓고 있는 건 아무것도 없어." 선로 교환수가 말했다.

"다 잠들어 있으니까. 아이들만 깨어서 창 밖을 내다보고 있지."

"자신들이 무얼 찾는지 아는 건 어린이들뿐이군요." 어린왕자는 말했다.

"안녕하세요." 어린왕자가 인사했다.

"안녕." 판매원이 대답했다. 그녀는 갈증을 멈추게 해 주는 알약을 팔고 있었다. 일주일에 한 알만 먹으면 물을 마실 필요가 없는 약이었다.

"이 알약을 왜 파는 거죠?"

"물을 마시지 않으면 일주일에 53분의 시간을 벌 수 있단다." 판매원이 말했다.

"나한테 만약 53분이란 시간이 더 있다면, 난 아주 느긋하게 물을 찾아갈 거야." 어린왕자는 혼자서 중얼거렸다.

5장 | 어린왕자와 헤어지기

p.88~89 이제 내 비행기가 불시착한 지도 여드레째가 되었고, 마실 물도 바닥이 났다. 어린왕자와 나는 샘물을 찾아나섰다.

우리는 아무 말 없이 몇 시간 동안이나 걸어갔다. 별들이 밤하늘에 빛나고 있었다.

어린왕자는 지쳤다. 그는 앉았다. 나도 그 옆에 앉았다.

"별들이 저렇게 아름다운 것은 아저씨한테는 보이지 않는 꽃 한 송이 때문이야." 어린왕자가 말했다.

"그래, 맞아." 나는 말했다.

난 사막이 늘 좋았다. 달빛이 비치는 모래언덕에 앉는다. 아무것도 보이지 않는다. 아무런 소리도 들리지 않는다. 하지만 그 고요함 속에서 무언가 빛나는 것이 있다.

"사막이 아름다운 것은, 어디엔가 샘이 숨어 있기 때문이야…" 어린왕자가 말했다.

그제서야 나는 사막의 빛과 신비를 이해할 수 있었다.

"그래, 별이든 사막이든 간에, 그 진정한 아름다움은 결코 눈에 보이지 않지!" 하고 나는 어린왕자에게 말했다.

어린왕자는 잠이 들었다. 나는 어린왕자를 팔에 안고 다시 걷기 시작했다.

그리고 생각했다. "잠들어 있는 이 어린왕자가 나를 가장 가슴 뭉클하게 하는 것은 바로 꽃에 대한 진실한 마음 때문이야."

아침에 나는 우물을 발견했다.

p.90~91   우물은 마치 마을에서 쓰는 우물 같았다.

"이상하네. 이 우물은 바로 쓸 수 있게 돼 있어." 나는 어린왕자에게 말했다. 도르래가 있고, 양동이와 밧줄까지 있어."

어린왕자가 밧줄을 잡았다. 마치 오랫동안 잠을 자고 있었던 듯, 도르래에서 큰 소리가 났다.

"이 소리 들려?" 어린왕자가 말했다. "우리가 우물을 깨워서 지금 우물이 노래를 하고 있어."

"내가 할게, 너한테는 너무 무거울 거야." 하고 나는 어린왕자에게 말했다.

나는 천천히 양동이를 우물가로 끌어올렸다. "목이 말라. 물을 좀 마시게 해 줘." 어린왕자가 말했다.

물은 연회의 음식처럼 달콤했다. 그 달콤함은 별빛 아래를 걸어온 덕분이었고, 도르래의 노래 덕분이었다.

"약속을 지켜야 해." 어린왕자가 내 곁에 앉으며 말했다.

"무슨 약속?"

"있잖아, 입마개 말이야. 양이 내 꽃을 먹어치우지 못하게 하는 거!"

그래서 나는 입마개 그림을 그려서 어린왕자에게 건네주었다.

p.92~93 "나한테 말하지 않은 무슨 계획을 세운 거니?"

하지만 어린왕자는 대답하지 않았다. "내일은 내가 지구에 온 지 딱 1년이 되는 날이야. 바로 이 근처에 떨어졌어." 하고 그는 말했다.

이상하게 슬픈 기분이 들었다. "그러니까, 우리가 만난 게 우연이 아니었구나. 지구에 떨어졌던 바로 그 곳으로 돌아가고 있었던 길이었어! 그렇지?"

어린왕자는 대답하지 않았다.

"엔진을 고쳐야 하잖아. 여기서 기다릴게. 내일 밤에 다시 와." 하고 어린왕자는 말했다.

그 말을 들어도 기분이 나아지지 않았다. 여우 이야기가 생각났다. 길들여지도록 놔두면 눈물을 흘릴 각오를 해야 한다.

비행기 수리를 한 뒤, 다음날 밤에 나는 그곳을 다시 찾아갔다. 우물 옆에 돌담이 하나 있었다. 어린왕자는 그 위에 앉아 있었다. 무슨 말을 하고 있었다.

"기다려 줘. 내가 오늘밤 찾아갈게." 하고 그는 말했다.

그러더니, 잠시 조용히 있다가, 어린왕자가 물었다. "네 독은 강하니? 고통을 오래 느끼지 않는 게 맞아?"

나는 그 자리에 멈추었다. 심장이 두근거렸다.

그리고 보았다! 돌담 밑에, 바로 어린왕자 앞에 노란 뱀 한 마리가 또아리를 틀고 있었다. 뱀은 내 기척을 듣고 재빨리 돌 틈으로 숨어 버렸다. 나는 돌담으로 다가가 어린왕자를 꽉 껴안았다. 그의 얼굴은 백지장처럼 창백했다.

p.94~95 "왜 뱀과 이야기를 하고 있었던 거야?"

죽어가는 새처럼 그의 심장이 뛰고 있었다. 그는 내게 말했다. "엔진을 고쳐서 다행이야. 이제 다시 하늘을 날 수 있겠네."

"그걸 어떻게 알았어?" 나는 놀라서 물었다. 어린왕자의 말이 맞았다. 엔진이 어디가 문제였는지 찾아냈지만, 그에게는 아직 말하지 않았는데!

그는 대답하지 않았다. 다만 이렇게 말했을 뿐이다.

"나도 오늘 떠나."

나는 마치 어린 아이를 품듯 어린왕자를 꼭 껴안았다.

"아저씨가 그려 준 양을 가지고 있어. 양을 위한 상자도. 그리고 입마개도…" 그리고 어린왕자는 슬프게 웃었다.

나는 그 웃음소리를 다시 듣지 못하면 얼마나 슬플까 하는 생각이 들었다. 내게는 마치 사막에 숨겨진 신선한 샘물과도 같은 소리였다.

"꼬마 친구, 네가 웃는 소리를 다시 듣고 싶어."

p.96~97 "꼬마 친구… 뱀하고 이야기 했던 거 말이야. 그냥 나쁜 꿈이겠지, 그렇지?"

"정말 중요한 것은 보이지 않아." 그가 말했다. "내 별은 너무 작아서 보이지 않을 거야. 하지만 아저씨한테 줄 선물이 있어." 그가 웃었다.

"무슨 말이야?"

"저 별들 중 하나에서 내가 웃고 있을 거야. 밤하늘을 쳐다보면, 마치 모든 별이 웃고 있는 것처럼 보일 거야. 아저씨, 오직 아저씨만 웃고 있는 별들을 가질 수 있는 거야!"

그는 다시 웃었다. 그러더니 진지하게 말했다. "오늘밤에는… 오지 마."

그는 내게 말했다. "오늘밤은 내가 지구에 떨어진 지 1년 째 되는 날이야. 내가 떨어졌던 곳 바로 위로 내 별이 지나갈 거야."

"난 네 곁을 떠나지 않을 거야."

"어쩌면 죽는 것처럼 보일지도 몰라. 그 모습을 보러 오지는 마."

"난 네 곁을 떠나지 않아."

"뱀이 아저씨까지 물까봐 걱정이 돼." 하고 그가 말했다.

그날 밤, 그는 소리 없이 떠났다. 내가 쫓아갔을 때 그는 매우 빠르게 걸어가고 있었다. "오면 안 돼. 마음이 아플 거야. 죽는 것처럼 보일지도 모르지만, 정말 그렇지는 않을 거야." 나는 아무 말도 하지 않았다.

p.98~99 "멋질 거야, 그렇지." 그는 웃으며 말했다. "나도 별을 쳐다볼 거야. 아저씨한테는 5억 개의 작은 종이 생기고. 나는 5억 개의 맑은 샘물을 가지게 되는 거야."

그러더니 그는 울기 시작했다.

"바로 여기야. 이제 혼자 가게 해 줘." 두려움 때문에 그는 자리에 주저앉았다.

그러고는 이렇게 말했다. "내 꽃… 난 내 꽃에게 책임이 있어. 세상에 맞서 자기를 지킬 수 있는 것이라고는 오직 바보 같은 가시 네 개뿐이야."

나도 앉았다. 더 이상 서 있을 수가 없었다.

그는 말했다. "그래… 그게 다야…"

그는 잠시 머뭇거리더니, 자리에서 일어섰다. 그리고 한 걸음 내디뎠다.

발목 근처에서 노란 빛이 번쩍였다. 한 순간, 그는 움직이지 않았다. 소리를 지르지도 않았다. 그러고는 모래 위로 조용히 쓰러졌다.

p.100~101 그리고 이제 어린왕자가 내 곁을 떠난 지 6년이 되었다. 나는 어린왕자가 자기 별로 돌아 갔다는 걸 알고 있다. 아침에 그의 모습이 보이지 않았기 때문이다.

밤이 되면 나는 별들의 소리를 듣는 것이 좋다. 마치 5억 개의 방울들이 소리를 울려대는 것 같다.

하지만 궁금한 것이 있다. 어린왕자의 양에게 씌우려고 입마개를 그려 주면서, 난 깜빡 잊고 가죽 끈을 그려 주지 않았다. 양의 입에 마개를 씌울 방법이 없는 것이다.

나는 종종 내 자신에게 물어보곤 한다. "어린왕자의 별에 무슨 일이 생겼을까? 양이 꽃을 먹어 버렸을지도 몰라."

p.102~103 가끔은 이렇게 혼잣말을 한다. "아니야! 어린왕자가 꽃에 유리를 씌워 주었을 거야. 그리고 자기 양을 잘 감시하고 있을 거야." 그러면 난 행복해지고, 별들도 달콤하게 웃음짓는다.

하지만 어떤 때는 이렇게 묻는다. "어린왕자가 꽃에 유리 씌우는 것을 잊어먹었으면 어쩌지? 아니면, 양이 밤중에 소리없이 밖으로 나오면 어쩌지?" 이런 생각을 하면 종들이 모두 눈물로 변한다!

하늘을 우러러보라. 그리고 스스로에게 물어보라. "과연 양이 꽃을 먹었을까?" 그러면 모든 것이 변하는 것을 깨닫게 될 것이다… 이것이 얼마나 중요한 일인지, 어른 들은 결코 이해하지 못할 것이다!

에필로그

`p.105`   나한테 이곳은 세상에서 가장 아름답고도 슬픈 광경이다. 여기가 바로 어린왕자가 지구에 발을 디뎠다가 떠나간 장소이다.

이 곳을 유심히 보아두기 바란다. 그리고 혹시 우연히 이곳을 지나가게 되면, 별빛 아래에서 잠시 기다려 보라! 만약 한 어린 소년이 당신에게 다가오면서, 웃음을 짓고, 황금빛 머리카락을 갖고 있으며, 당신이 묻는 말에 대답을 하지 않는다면, 그 소년이 누구인지 짐작할 수 있을 것이다. 그러면 어린왕자가 돌아왔다고 내게 즉시 알려주기 바란다.